BETRIEB
BETRIEBSWIRTSCHAFT
BETRIEBSWIRTSCHAFTSRECHNUNG

ein betriebswirtschaftliches Lese- und Bilderbu(
insbesondere für Unternehmer und Manager als
Praktiker der Betriebswirtschaft

von
Dr.sc.pol. Lorenz Ewaldsen
Unternehmensberater
für
Unternehmensführung und Unternehmensrechnung
seit 1952

Teil B: Die Betriebswirtschaft

mit mehr als 6o ganzseitigen Modellbildern

WUTH-VERLAG LÜNEN 1987

IMPRESSUM:

Autor:	Dr. Lorenz Ewaldsen
Satz:	-"-
Umschlag:	-"-
Druck:	Druckerei Günter Runge, Cloppenburg
Preis:	DM 32.00 (vbdl.)

****

Der Nachdruck bzw. die Vervielfältigung auf fotomechanischem Wege von Textauszügen, Tabellen, Rechnungen sowie Zeichnungen unter Quellenangabe ist nur mit ausdrücklicher (schriftlicher) Genehmigung des Verlages gestattet.

****

ISBN-3-924018-23-5

1. Auflage 1987

© by WUTH-Verlag, Lünen 1987

Alle Rechte vorbehalten

VORWORT

Der zweite Teil dieses meinen beiden verehrten Lehrern

> OTTO BREDT
> und
> ERICH SCHNEIDER

gewidmeten Buches behandelt die Betriebswirtschaft eines Unternehmens. Die ist die

> Unternehmenswirtschaft
> für den
> Unternehmensbetrieb.

Damit ist sie die eine der beiden primär zu unterscheidenden Teilwirtschaften jeder Unternehmenswirtschaft. Die andere ist die Kapitalwirtschaft als die

> Unternehmenswirtschaft
> für das
> Unternehmenskapital.

Dabei sind der Unternehmensbetrieb und das Unternehmenskapital die beiden Unternehmensinstitutionen, deren Einsatz jedes Unternehmen riskieren muß, wenn es als Wirtschaft existieren will:

> einen ganz bestimmten Unternehmensbetrieb,
> um den Unternehmenszweck zu realisieren,
> und
> ein ganz bestimmtes Unternehmenskapital,
> um den Unternehmensbetrieb zu finanzieren.

Den Unternehmenszweck kann man so oder so definieren. Immer geht es aber um die Erstellung einer ganz bestimmten Betriebsleistung, die entweder eine

> Erwerbsleistung
> oder eine
> Versorgungsleistung

sein kann. Und entsprechend würde dann das Unternehmen des Betriebes ein

> Erwerbs- oder
> Versorgungsunternehmen

sein. Deren Wirtschaft ist die Unternehmenswirtschaft und die ihrer Betriebe die Betriebswirtschaft. Die ist für den einen und den anderen grundsätzlich gleich. Das gilt für deren

> Wirtschaftszustand,
> Wirtschaftsvorgänge und auch
> Wirtschaftsergebnis.

Darüber geht es in dem hier vorliegenden Buch, das zwar nur

> BETRIEBSWIRTSCHAFT
> heißt, aber doch eine
> THEORIE DER BETRIEBSWIRTSCHAFT

ist, nämlich meine (!). Dazu möchte ich übernehmen, was ERICH SCHNEIDER im Vorwort zum Teil II seiner

> EINFÜHRUNG
> IN DIE WIRTSCHAFTSTHEORIE

gesagt hat:

> "Die Theorie ist, wie SCHUMPETER es einmal
> ausgedrückt hat, eine Denktechnik, die man
> einüben muß wie eine Sprache."

Dieses Einüben wird auch leider dem Leser dieses Buches nicht erspart bleiben, wenn er mit seiner

Aussage etwas anfangen will. Aber dann wird er auch
sehr schnell erkennen, was er unter der

> Betriebswirtschaft eines Unternehmens
> als der
> Wirtschaft seines Unternehmensbetriebes

zu verstehen hat - wie sie funktioniert und existiert
und wie man sie erfolgreich führt.

Struckmannshof
4670 Lünen 1,
im August 1985   Lorenz Ewaldsen

Erich Schneider: Einführung in die Wirtschafts-
             theorie II. Teil
             Tübingen 1949 Verlag von J.C.B.Mohr
             (Paul Siebeck)

INHALTSÜBERSICHT
für
Teil B: Die Betriebswirtschaft   Seite

Vorwort	III
Einführung	2
1. Erfahrung und Erkenntnis	7
2. Die betrieblichen Teilwirtschaften	14
3. Die Operationswirtschaft	16
3.1 Die Einsatzwirtschaft	18
3.11 Die Einsatzkosten	24
3.12 Der Einsatzertrag	3o
3.2 Die Aufgabenwirtschaft	34
3.21 Die Aufgabenkosten	38
3.22 Die Kostendeckung	4o
3.3 Die Verbrauchswirtschaft	44
3.31 Die Verbrauchskosten	48
3.32 Die Kostendeckung	52
4. Die Aktionswirtschaft	54
5. Die Leistungswirtschaft	56
6. Die Leistungswirtschaft für das Betriebsgeschäft	64
6.1 Die Leistungswirtschaft der Beschaffung als Betriebsabteilung des Betriebsgeschäfts	74
6.11 Die Vermögenswirtschaft	75
6.12 Die Vorgangswirtschaft	82
6.121 Der Leistungseingang	84
6.122 Der Leistungsausgang	88
6.1221 Der Preiserfolg	9o
6.1222 Der Leistungsnutzen	92
6.2 Die Leistungswirtschaft der Herstellung als Betriebsabteilung des Betriebsgeschäfts	98

	Seite

- 6.21 Die Vermögenswirtschaft — 99
- 6.22 Die Vorgangswirtschaft — 1o2
  - 6.221 Der Leistungseinsatz — 1o3
  - 6.222 Die Leistungsausbringung — 1o4
  - 6.223 Der Leistungserfolg — 1o6
    - 6.2231 Der Einsatzerfolg — 1o8
    - 6.2232 Der Ausbringungserfolg — 11o
  - 6.224 Der Leistungsnutzen — 112
- 6.3 Die Leistungswirtschaft des Vertriebs als Betriebsabteilung des Betriebsgeschäfts — 114
  - 6.31 Die Vermögenswirtschaft — 116
  - 6.32 Die Vorgangswirtschaft — 12o
    - 6.321 Der Leistungseingang — 122
    - 6.322 Die Leistungsauslieferung — 124
      - 6.3221 Der Einsatzwert des Umsatzes — 13o
      - 6.3222 Der Listenwert des Umsatzes — 131
      - 6.3223 Der Rechnungswert des Umsatzes — 132
      - 6.3224 Der Leistungsnutzen — 134
      - 6.3225 Der Preiserfolg — 135
      - 6.3226 Der Mengenerfolg — 136
      - 6.3227 Der Reinertrag als Realertrag — 138
7. Die Leistungswirtschaft für den Anderbetrieb — 14o
  - 7.1 Die Leistungswirtschaft für die Betriebszentrale — 142
  - 7.2 Die Leistungswirtschaft für den Betriebshaushalt — 146
    - 7.21 Die Vermögenswirtschaft — 147
    - 7.22 Die Vorgangswirtschaft — 149
      - 7.221 Die Leistungskosten — 152
      - 7.222 Die Kostendeckung — 156
      - 7.223 Der Leistungserfolg — 16o
8. Die Zahlungswirtschaft — 162
  - 8.1 Die Vermögenswirtschaft — 164
  - 8.2 Die Vorgangswirtschaft — 168

	Seite
8.21 Der Zahlungseingang	171
8.22 Der Zahlungsausgang	173
8.23 Zahlungs-Disposition und Zahlungs-Situation	176
9. Die Kreditwirtschaft	18o
9.1 Die aktive Kreditwirtschaft	188
9.11 Die Vermögenswirtschaft	19o
9.12 Die Vorgangswirtschaft	196
9.2 Die passive Kreditwirtschaft	2oo
9.21 Die Vermögenswirtschaft	2o2
9.22 Die Vorgangswirtschaft	2o8
Anmerkung des Verlages	X

ANMERKUNG DES VERLAGES

Das hier vorliegende Buch ist - wie auch alle anderen dieser 7er-Reihe (!) des Autors - auf dessen ausdrücklichen Wunsch als Manuskript gedruckt worden. Damit möchte er erreichen, daß seine Ausführungen so gelesen werden können, wie sie von ihm gedacht und auch geschrieben worden sind. Er ist darum der Meinung, dem Leser nur in dieser von ihm gesetzten (!) Form am besten verständlich machen zu können, was er ihm zum Thema dieses Buches sagen möchte. Dabei verzichtet er bewußt auf die formale Perfektion, die ein vom Fachmann erstellter Satz haben würde. Beides ist in diesem Falle zusammen leider nicht möglich.

Aber das ist nur die eine Seite, die dem Wunsch und Willen des Autors entspricht. Die andere ist die Erkenntnis des Verlages, daß es praktisch unmöglich ist, die Bücher des Autors so zu setzen bzw. setzen zu lassen, wie er sie geschrieben und bebildert hat. Das ist jedenfalls das Ergebnis eines gescheiterten Versuches. Und den hat der Verlag zum Anlaß genommen, dem Wunsch und Willen des Autors nun auch aus eigener Überzeugung zu entsprechen. Den Leser bittet er dafür um Verständnis.

WUTH-VERLAG LÜNEN

DIE

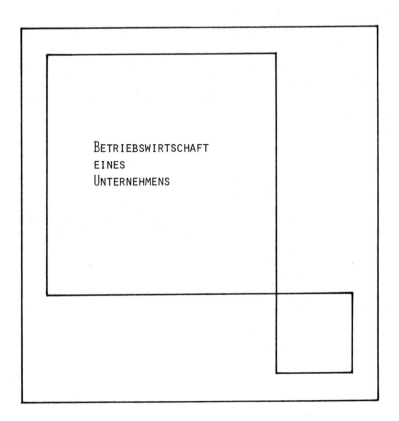

IST DIE WIRTSCHAFT SEINES UNTERNEHMENSBETRIEBES !

EINFÜHRUNG

Die Betriebswirtschaft eines Unternehmens ist die
Wirtschaft seines Unternehmensbetriebes. Sie ist
die eine der beiden Teilwirtschaften eines Unternehmens, die andere ist die Kapitalwirtschaft.
Zusammen bilden sie die Gesamtwirtschaft des Unternehmens. Und die ist die Unternehmenswirtschaft.
Aber über die spricht keiner - als wenn es sie gar
nicht gäbe. Worüber man nur spricht und worum sich
alles nur dreht, das ist die Betriebswirtschaft.
Die identifiziert man mit der Unternehmenswirtschaft.
Aber das ist falsch !

Wie die Unternehmenswirtschaft so ist auch die
Betriebswirtschaft eine wirtschaftliche Gesamtheit
i.S. einer Gesamtwirtschaft, die aus

> wirtschaftlichen Einzelheiten
> i.S.
> einzelner Teilwirtschaften

besteht. Diese sind die Folge unterschiedlicher
Wirtschaftsfunktionen. Und die sind- wie auch
die Aufgabenfunktionen - für alle Unternehmensbetriebe grundsätzlich gleich. Das gilt im Falle
der Aufgabenfunktionen zumindest formal, mögen
sie sich auch inhaltlich von Betrieb zu Betrieb
unterscheiden. Hier geht es aber nicht nur um die
sondern auch um den Inhalt. Und die sind im Falle
der

> Wirtschaftsfunktionen
> eines
> Unternehmensbetriebes

von Betrieb zu Betrieb grundsätzlich gleich - was
schon gesagt wurde.

Wiederholen wir zunächst einmal, was im ersten Satz dieser
Einführung gesagt worden ist: daß die
> Betriebswirtschaft eines Unternehmens
> die
> Wirtschaft seines Unternehmensbetriebes

ist. Dabei meinen wir mit einem Unternehmen selbstverständlich nur ein Wirtschaftsunternehmen, das als solches nicht
nur eine
> Unternehmenswirtschaft ist
> sondern auch eine
> Unternehmenswirtschaft hat.

Eine Unternehmenswirtschaft ist es als Einzelwirtschaft in
in einer Volkswirtschaft (!) genannten Gesamtwirtschaft.
Und eine Unternehmenswirtschaft hat es als Gesamtwirtschaft,
die aus der
> Betriebs- und
> Kapitalwirtschaft

als ihren beiden grundsätzlich zu unterscheidenden Teilwirtschaften für den Unternehmensbetrieb und das Unternehmenskapital besteht. Die sind, wie wir schon wissen, die beiden
> Institutionen,
> deren Einsatz jedes
> Unternehmen

riskieren muß, wenn es als Wirtschaft existieren will:
> einen ganz bestimmten Unternehmensbetrieb,
> um den Unternehmenszweck zu realisieren,
> und
> ein ganz bestimmtes Unternehmenskapital,
> um diesen Unternehmensbetrieb zu finanzieren.

Den Unternehmenszweck kann man dabei bekanntlich so oder
so definieren. Das alles ist schon im Teil A dieses Buches
gesagt worden. Darauf soll hier Bezug genommen werden.

Soweit unsere Feststellung zur Betriebswirtschaft einer
Unternehmenswirtschaft. Dabei wissen wir aber, daß
    Unternehmenswirtschaften
        nur die eine Gruppe der
        Einzelwirtschaften
in einer Volkswirtschaft sind. Die anderen beiden sind
die Familien- und Gemeinwirtschaften:
    die Familienwirtschaften
    als die
    menschlichen Lebenswirtschaften
    und
    die Gemeinwirtschaften
    als die
    Ordnungswirtschaften des Staates zum einen
    und die
    Interessenwirtschaften der Verbände zum anderen.

Dazu ist zu sagen, daß alle Gemeinwirtschaften ganz bestimmte Gemeinbetriebe einsetzen müssen, um die ihnen gestellten Gemeinaufgaben erfüllen zu können. Die sind zum einen die
    Gemeinbetriebe des Staates
        in Bund, Ländern und Gemeinden
    und zum anderen die
    Gemeinbetriebe der Verbände aller Art,
        allen voran die der Unternehmens- und Arbeitnehmerverbände.
Zu den Gemeinbetrieben des Staates gehören nicht die Unternehmensbetriebe der staatlichen
    Erwerbs- und
    Versorgungsunternehmen.
Bei denen handelt es sich, wie ihr Name auch schon sagt, um
    Unternehmensbetriebe,
    die damit keine
    Gemeinbetriebe

sind. Zu letzteren gehören darum nur alle staatlichen
   Regierungs-,
   Verwaltungs- und anderen
   Ordnungsbetriebe
verschiedenster Art. Der Leser möge sich seine eigenen
Gedanken machen, welche Betriebe dazu gehören könnten.
Der Verfasser möchte sich hier auf die Feststellung beschränken, daß nach den bisherigen Ausführungen in diesem
einführenden Abschnitt zum
   Teil B dieses Buches
   über die
   Betriebswirtschaft
drei Arten von Betrieben und dann auch Betriebswirtschaften
grundsätzlich zu unterscheiden sind:

1. Familienbetriebe (!)
   als Betriebe von
   Familienwirtschaften,

2. Unternehmensbetriebe (!)
   als Betriebe von
   Unternehmenswirtschaften und

3. Gemeinbetriebe
   als Betriebe von
   Gemeinwirtschaften des Staates und der Verbände.

Dazu ist zu sagen, daß nicht jede Familienwirtschaft auch
einen Familienbetrieb haben muß. Den braucht sie und hat sie
darum auch nur dann, wenn sie ihr Einkommen entweder ganz
oder auch nur zum Teil als
   Leistungseinkommen
   aus der Erstellung irgendwelcher
   Betriebsleistungen
zu schaffen beabsichtigt. Das kann, muß aber nicht sein.
Bekanntlich kann eine Familienwirtschaft ihr Einkommen auch
als Arbeits- oder Kapitaleinkommen schaffen - zumindest aber

doch zu schaffen beabsichtigen. Dabei ist das
    Arbeitseinkommen (!)
    der sog. Arbeitslohn, den man bekommt,
    wenn man sein Arbeitsvermögen jemandem gegen ein
    entsprechendes Entgelt zur Verfügung stellt,
    und das
    Kapitaleinkommen (!)
    der sog. Kapitalzins, den man bekommt,
    wenn man sein Kapitalvermögen jemandem gegen ein
    entsprechendes Entgelt zur Verfügung stellt.
In diesem Sinne ist der Arbeitslohn das Arbeitsentgelt der
Arbeitgeber (!) und der Kapitalzins das Kapitalentgelt der
Kapitalgeber (!). Daß wir herkömmlich üblich zwar die einen,
nämlich die
    Kapitalgeber,
    nicht aber die anderen, nämlich die
    Arbeitgeber,
auch so nennen, darüber ist schon im Teil A dieses drei-
teiligen Buches ausführlich gesprochen worden: im Abschnitt
8 auf Seite 131 ff. mit der Überschrift
    ARBEITNEHMER ODER ARBEITGEBER -
    DAS IST DIE FRAGE.
Darauf soll hier zumindest hingewiesen werden.

Stellen wir somit fest, daß wir drei Arten von Betriebs-
wirtschaften grundsätzlich zu unterscheiden haben:
    1. die von Familienbetrieben (!),
    2. die von Unternehmensbetrieben (!) und
    3. die von Gemeinbetrieben (!).
Davon interessieren hier nur die von Unternehmensbetrieben.
Nur deren Betriebswirtschaften sollen Gegenstand der
Betrachtung in dem hier vorliegenden Buch sein.

1. ERFAHRUNG UND ERKENNTNIS

Nach Dr.Gablers Wirtschaftslexikon ist ein Betriebswirt eine

> "sachlich qualifizierte Person,
> die sich intensiv mit Fragen der
> Betriebswirtschaft beschäftigt".

Was aber Betriebswirtschaft ist, darüber steht dort direkt nichts geschrieben. Nur indirekt kann man darüber lesen - unter dem Begriff der Betriebswirtschaftslehre. Die sei, so heißt es dort,

> "der Teil der Wirtschaftswissenschaft,
> der sich mit dem Betrieb oder
> der Unternehmung (= Betriebswirtschaft)
> befaßt".

Diese Definition ist so ganz sicherlich nicht richtig. Aber nicht nur die. Nirgendwo wird klärend definiert, was Betriebswirtschaft ist. Es fragt sich, warum. Eine Antwort könnte sein, daß es wohl keiner so recht weiß. Aber das ist eigentlich kaum anzunehmen, wenn man bedenkt, wie viele Menschen tagtäglich nicht nur über Betriebswirtschaft reden, sondern auch mit dem

> Betrieb und seiner Wirtschaft
> als der
> Betriebswirtschaft des Unternehmens

praktisch und theoretisch zu tun haben. Gemeint sind alle

> Praktiker
> und
> Theoretiker

der Betriebswirtschaft. Die einen sind alle

    Unternehmer
    und
    Manager

von Unternehmensbetrieben, für die dieses Buch ausdrücklich bestimmt ist. Die anderen sind insbesondere alle

    Lehrenden
    und
    Lernenden

der Betriebswirtschaft, für die dieses Buch zwar nicht ausdrücklich, dafür aber nicht weniger freundlich bestimmt ist. Das gilt insbesondere für alle Professoren der Betriebswirtschaftslehre an unseren Hoch- und Fachhochschulen - und hier in erster Linie die der Fachrichtungen

    Betriebsführung,
    Betriebsordnung = Betriebsorganisation und
    Betriebsrechnung.

Sie alle müßten eigentlich sehr genau wissen, was

    ein Betrieb,
    seine Betriebswirtschaft und
    eine Betriebswirtschaftsrechnung

ist. Aber - was sein müßte, das muß nicht unbedingt auch sein. Das gilt wohl auch hier. Jedenfalls ist das die Erfahrung des Verfassers aus 3o Jahren aktiver Unternehmensberatung für

    Unternehmensführung
    und
    Unternehmensrechnung,

letztere als Instrument der Unternehmensführung
zur Unternehmenssteuerung im Sinne der

    Wirtschaftssteuerung
    eines
    Unternehmens.

Danach wissen nur die wenigsten Praktiker und auch nicht alle Theoretiker der

    Betriebswirtschaft,
    was
    Betriebswirtschaft

wirklich ist. Und das ist zumindest bemerkenswert, müssen doch - wie schon gesagt - die einen

    die Betriebswirtschaft als
    Wirtschaft ihres Betriebes
    tagtäglich steuern

und die anderen

    die Betriebswirtschaft als
    Wissenschaft vom Betrieb und seiner Wirtschaft
    tagtäglich lehren.

Die einen sind alle Unternehmer und Manager als Praktiker, die anderen alle Lehrenden an unseren betriebswirtschaftlichen Hoch- und Fachhochschulen als Theoretiker der Betriebswirtschaft.

Nach der Auffassung des Verfassers kann Betriebsführung immer nur

    Menschenführung
    zur
    Wirtschaftssteuerung

eines Unternehmensbetriebes sein. Menschenführung

wird dabei in vielen Betrieben mehr schlecht als
recht praktiziert. Dagegen kennt der Verfasser keinen einzigen Betrieb, in dem Wirtschaftssteuerung
richtig, weil mit System funktioniert. Dabei hat er
im Laufe seiner 3o Berufsjahre nicht nur

>   kleine und mittlere,
>   sondern auch
>   große und größte

Unternehmensbetriebe kennengelernt.

In den meisten Betrieben dürfte Betriebsführung
noch immer nur als

>   Steuerung
>   des technischen und kaufmännischen
>   Betriebsgeschehens

verstanden werden. Damit ist in der Regel nur das
betriebliche Auftragsgeschehen gemeint, weshalb auch

>   Betriebssteuerung
>   mehr oder weniger nur
>   Auftragssteuerung

ist. Und das ist auf jeden Fall zu wenig. Warum?
Weil das nur die Steuerung der

>   Betriebsarbeit,
>   nicht aber der
>   Betriebswirtschaft

ist. Letztere ist die Wirtschaftssteuerung eines
Unternehmensbetriebes. Innerhalb dieser ist die

>   Auftragssteuerung
>   und mit ihr die
>   Arbeitssteuerung

nur ein Teil vom Ganzen. Das aber bedeutet, daß
unsere Unternehmensbetriebe bis heute nur teilweise (!)
geführt werden. Gemeint ist damit, daß sich mehr oder
weniger jede

> Betriebsführung
> nur auf eine teilweise (!)
> Betriebssteuerung

beschränkt - nämlich nur auf die in vielen Betrieben
inzwischen zwar

> technisch
> wie auch
> systematisch

bestmöglich organisierte Auftrags- und so auch Arbeitssteuerung. Von Wirtschaftssteuerung ist bestenfalls
bisher nur die Rede. Da liegt die große Chance, die
fast alle

> Unternehmen und
> Unternehmensbetriebe

bisher noch gar nicht genutzt haben. Hier gibt es noch
in großem Umfange Rationalisierungsreserven, die mobilisiert werden können - und wodurch die

> Wirtschaftlichkeit
> der meisten
> Unternehmensbetriebe

nicht unerheblich verbessert werden dürfte.

Wirtschaftliche Betriebsführung ist gleichbedeutend
mit betriebswirtschaftlicher Unternehmensführung. Und
die ist die Wirtschaftsaufgabe jeder verantwortungsbewußten Betriebs- und Unternehmensführung.

DIE
TEILWIRTSCHAFTEN DER BETRIEBSWIRTSCHAFT
SIND DIE

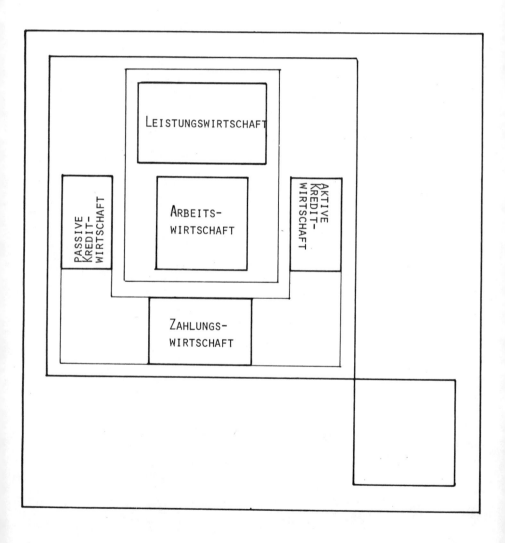

2. DIE BETRIEBLICHEN TEILWIRTSCHAFTEN

Die unterschiedlichen Wirtschaftsfunktionen eines Unternehmensbetriebes bestimmen bekanntlich dessen Wirtschaftsteilung in die Teilwirtschaften seiner Betriebswirtschaft. Diese sind, wie wir wissen, die Betriebsaktion und die Betriebsoperation:

> die Betriebsaktion als betriebliche Zweckfunktion mit
>> der Betriebsleistung als Hauptaktion,
>> der Betriebszahlung als Gegenaktion und
>> dem Betriebskredit als deren kreditwirtschaftliche Reaktion
>
> und
>
> die Betriebsoperation als betriebliche Kernfunktion.

Entsprechend besteht auch die Gesamtwirtschaft eines Unternehmensbetriebes aus der Aktions- und der Operationswirtschaft:

> der Aktionswirtschaft als der betrieblichen Zweckwirtschaft mit der
>> Leistungs-,
>> Zahlungs- und
>> Kreditwirtschaft
>
> und
>
> der Operationswirtschaft als der betrieblichen Kernwirtschaft.

Aktions- und Operationswirtschaft sind das A und O der Betriebswirtschaft. Deren Wirtschaftsmaxime ist die Betriebs-Ökonomität.

Die Operations- oder auch Arbeitswirtschaft
ist die Kernwirtschaft der Betriebswirtschaft.
Ihre Teilwirtschaften sind die

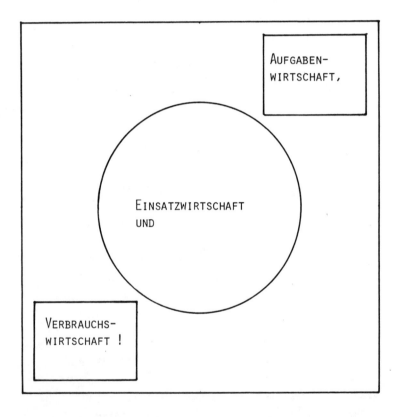

Aufgabenwirtschaft,

Einsatzwirtschaft und

Verbrauchswirtschaft !

Von diesen ist die Einsatzwirtschaft wiederum die Kernwirtschaft der Arbeitswirtschaft !

3. DIE OPERATIONSWIRTSCHAFT

Die Teilwirtschaft des Unternehmensbetriebes
für die Betriebsoperation oder auch Betriebsarbeit
ist die Operations- oder auch Arbeitswirtschaft.
Deren Wirtschaftsmaxime ist die Arbeits-Intensität.

Ist die Betriebsarbeit die betriebliche Kernfunktion, so ist die Arbeitswirtschaft entsprechend
die betriebliche Kernwirtschaft. Diese ist als
solche immer nur die Gesamtheit der Arbeitswirtschaften der einzelnen Betriebseinheiten.

Die Teilwirtschaften der Arbeitswirtschaft sind
die Aufgaben-, Einsatz- und Verbrauchswirtschaft:

> die Aufgabenwirtschaft für die
> zu erfüllenden Arbeitsaufgaben,
>
> die Einsatzwirtschaft
> für die eingesetzten Arbeitseinheiten und
>
> die Verbrauchswirtschaft für die
> durch deren Einsatz verursachten Arbeitsverbräuche.

Diese sind Betriebswirtschaften 2. Grades und damit
betriebliche Sekundärwirtschaften.

Von zentraler Bedeutung für die Arbeitswirtschaft
wie auch für die Gesamtwirtschaft einer Betriebseinheit und auch des Unternehmensbetriebes insgesamt
ist die Einsatzwirtschaft. Ist die Arbeitswirtschaft die Kernwirtschaft der Betriebswirtschaft,
so ist die Einsatzwirtschaft die Kernwirtschaft
der Arbeitswirtschaft. Sie ist damit betriebswirtschaftlich die eigentliche Kernwirtschaft eines Unternehmensbetriebes.

Die Einsatzwirtschaft
ist das Zentrum der Arbeitswirtschaft ...

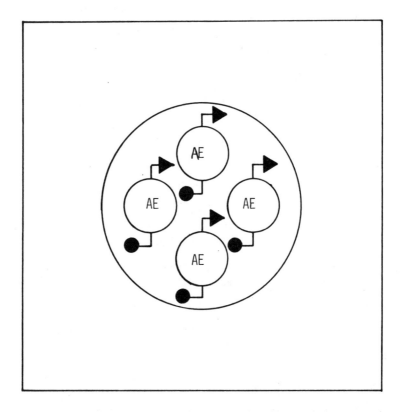

... wie auch der gesamten Betriebswirtschaft. Ihre Wirtschaftsmaxime ist die Einsatz-Wirksamkeit ! Und die ist die Wirksamkeit jeder in ihr zum Einsatz kommenden Arbeitseinheit (AE) !

3.1 DIE EINSATZWIRTSCHAFT

Im Zentrum der Arbeitswirtschaft steht die sog. Einsatzwirtschaft. Das gilt für den Unternehmensbetrieb insgesamt ebenso wie für jede einzelne Betriebseinheit. Sie ist die Teilwirtschaft, in der die

>Arbeitseinheiten (!)
>der
>Betriebseinheiten (!)
>mit ihren
>Verbrauchseinheiten (!)

zum Einsatz kommen. Von diesen ist bekanntlich die Betriebseinheit die kleinstmögliche Funktionseinheit eines Unternehmensbetriebes mit eigener Betriebswirtschaft. Das macht sie - aber auch nur sie - zum Betriebsorgan in der Betriebsorganisation. Ihre Träger sind die Arbeitseinheiten mit ihren Verbrauchseinheiten des Betriebspersonals und Betriebspotentials. Darin liegt ihre besondere betriebswirtschaftliche Bedeutung. Und die ist es, die auch die zentrale Bedeutung der Einsatzwirtschaft bestimmt.

Die Wirtschaftsmaxime der Einsatzwirtschaft ist die Einsatz-Wirksamkeit. Sie ist Ausdruck für die Wirtschaftlichkeit jeder einzelnen Arbeitseinheit als der kleinstmöglichen Funktionseinheit eines Unternehmensbetriebes mit zweiseitiger Wirksamkeit. Die besteht darin, daß sie einerseits bestimmte Arbeitsaufgaben erfüllt und andererseits bestimmte Arbeitsverbräuche verursacht - als Auswirkungen ihres Arbeitseinsatzes.

Der
Arbeitseinsatz einer Arbeitseinheit
für eine bestimmte

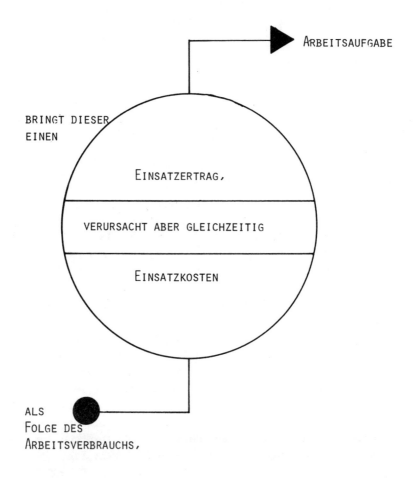

Arbeitsaufgabe

bringt dieser
einen

Einsatzertrag,

verursacht aber gleichzeitig

Einsatzkosten

als
Folge des
Arbeitsverbrauchs,

den dieser Arbeitseinsatz verursacht!

Der Wirtschaftsgegenstand der Einsatzwirtschaft
ist der wirtschaftliche Arbeitseinsatz der in
einer Betriebseinheit zum Einsatz kommenden Arbeitseinheiten. Dieser ist immer nur
in dem Maße wirtschaftlich, wie

    deren Einsatzkosten
    durch
    ihren Einsatzertrag

gedeckt werden. Und das wird durch den Einsatzerfolg zum Ausdruck gebracht: als Über- oder
Unterdeckung der Einsatzkosten durch den Einsatzertrag gemäß folgender Definition:

    Einsatzertrag
    - Einsatzkosten
    = Einsatzerfolg als Über- oder
                     Unterdeckung.

Hierbei ist der Einsatzertrag die Kostendeckung
für die Einsatzkosten.

Dieser Einsatzerfolg bringt damit zum Ausdruck,
in welchem Maße jede einzelne Arbeitseinheit
positiv oder negativ zum Betriebsergebnis

    einer Betriebseinheit,
    eines Betriebsbereiches und auch
    eines Unternehmensbetriebes insgesamt

beiträgt. Er ist damit ihr Ergebnisbeitrag.

Damit ist der Einsatzerfolg Ausdruck für die
Einsatz-Wirksamkeit jeder einzelnen Arbeitseinheit.
Und die ist - wie schon gesagt - die Wirtschaftsmaxime der Einsatzwirtschaft.

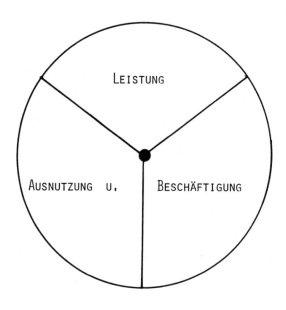

sind die Komponenten des Einsatzerfolges – als Teilerfolg des Arbeitserfolges !

Für alle Arbeitseinheiten der Herstellung als Betriebsabteilung des Betriebsgeschäfts läßt sich diese Aussage noch weiter analysieren: durch den Nachweis des

    Beschäftigungs-,
    Ausnutzungs- und
    Leistungsgrades.

Zusammen ergeben diese den Wirkungsgrad einer Arbeitseinheit. Und der ist in diesen Fällen Ausdruck für die Einsatz-Wirksamkeit . Aber das ist - wenn überhaupt - immer nur für die Arbeitseinheiten der Herstellung möglich. Nur für diese werden - zumindest in der Regel - die dafür notwendigen Aufzeichnungen über den Arbeitseinsatz gemacht.

Die Einsatzkosten der Arbeitseinheiten (AE)
sind als
Plan-Kosten für die Ist-Beschäftigung
definiert:

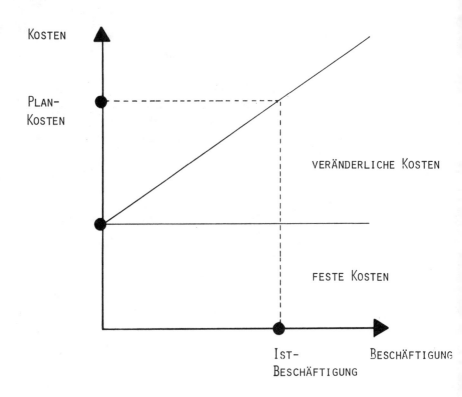

3.11 DIE EINSATZKOSTEN

Die Einsatzkosten sind die Arbeitskosten
einer Arbeitseinheit aus ihrem Arbeitseinsatz.
Dieser ist ihre in Arbeitsstunden gemessene
Beschäftigung.

Die Einsatzkosten sind definiert als Plan-Kosten
für die Ist-Beschäftigung einer Arbeitseinheit.
Diese sind das Ergebnis einer Kostenplanung für
den Fall betriebsoptimaler Einsatzverhältnisse.
Das gilt für die

> Beschäftigung als geplante Normalbeschäftigung
> ebenso wie für die
> Einsatzkosten als geplante Normalkosten.

In der Planung sind diese die Plan-Einsatzkosten
für die Plan-Beschäftigung i.S. des Plan-Arbeitseinsatzes einer Arbeitseinheit.

Die Kostenarten der Einsatzkosten werden

> primär durch die in einer Arbeitseinheit
> zum Einsatz kommenden Verbrauchseinheiten
> und
> sekundär durch die von einer Arbeitseinheit
> anteilig zu deckenden Arbeitskosten bestimmter
> Arbeitsaufgaben

bestimmt. Letztere kommen aber immer nur für die
Arbeitseinheiten der Herstellung als Betriebsabteilung des Betriebsgeschäfts infrage. Deren
Kostenstruktur ist in der Regel wie folgt:

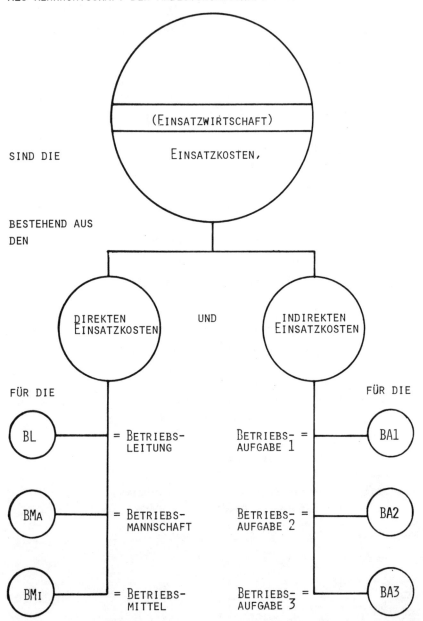

1. direkte Einsatzkosten
    1.1 für die Betriebsleitung,
        in diesem Falle nur der Arbeitseinheit,
    1.2 für die Betriebsmannschaft und
    1.3 für die Betriebsmittel

    und

2. indirekte Einsatzkosten
    2.1 für die übergeordnete Betriebsleitung
        der Betriebseinheit und Betriebsabteilung,
    2.2 für den gemeinsamen Innentransport und
    2.3 für die gemeinsame Vorratshaltung.

Die indirekten Einsatzkosten sind so betrachtet
die Gemeinkosten der einzelnen Arbeitseinheit. Diese
betreffen Betriebsaufgaben, deren Aufgabenkosten stets
von allen Arbeitseinheiten einer

    Betriebseinheit
    oder
    Betriebsabteilung

gemeinsam getragen werden müssen.

Die direkten Einsatzkosten einer Arbeitseinheit
setzen sich zusammen aus den Einsatzkosten der in
ihr zum Einsatz kommenden Verbrauchseinheiten. Hierbei
handelt es sich um die einzelnen Arten an

    Betriebspersonal,
    Betriebsanlagen,
    Betriebsmaterial und
    Betriebsenergie

als Personal-, Anlagen-, Material- und Energiearten.
Diese bestimmen letztlich deren Kostenarten. Das

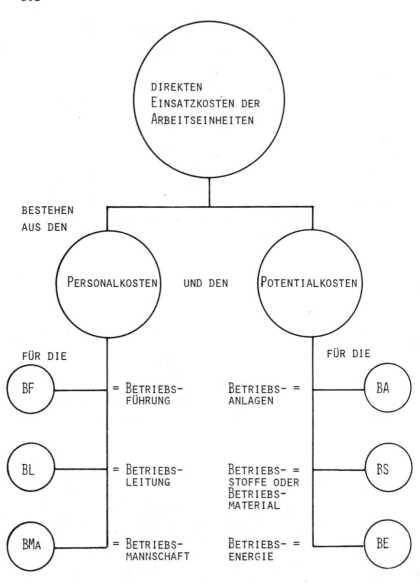

Betriebspersonal kann sein das der

    Betriebsführung,
    Betriebsleitung und
    Betriebsmannschaft.

Dagegen umfassen die Betriebsmittel - oder das Betriebspotential -

    die Betriebsanlagen,
    das Betriebsmaterial und
    die Betriebsenergie.

Ihrer bedient sich das Betriebspersonal zur Erfüllung der ihm gestellten Betriebsaufgabe.

DER EINSATZERTRAG (!)
IST DER
ARBEITSERTRAG AUS DEM ARBEITSEINSATZ
EINER ARBEITSEINHEIT (AE)
FÜR DIE IHR GESTELLTEN ARBEITSAUFGABEN !

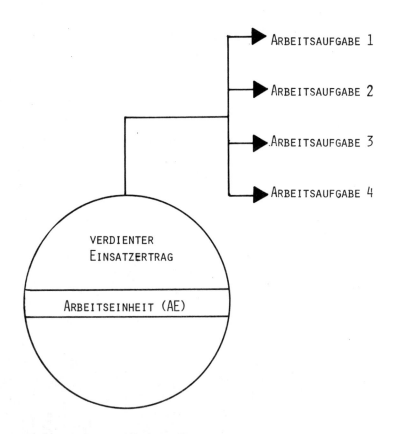

HIERBEI SIND ARBEITSAUFGABEN
DIE BETRIEBSAUFGABEN FÜR DIE AUFGABENWIRTSCHAFT
ALS TEILWIRTSCHAFT DER ARBEITSWIRTSCHAFT !

3.12 DER EINSATZERTRAG

Der Einsatzertrag ist die von einer Arbeitseinheit durch ihren

    Arbeitseinsatz
    für bestimmte
    Arbeitsaufgaben

verdiente Kostendeckung. Für diesen gilt folgende Definition:

    Arbeitseinsatz, in der Regel
    gemessen in Einsatzstunden,
    x Einsatzpreis
      je Einsatzstunde
    = Einsatzertrag.

Dieser sollte so weit wie möglich nach einzelnen Arbeitsarten entsprechend den unterschiedlichen Arbeitsaufgaben getrennt nachgewiesen werden.

Die den Arbeitseinsatz bestimmenden Einsatzstunden können entweder Soll- oder Ist-Einsatzstunden sein:

    die Soll-Einsatzstunden gemäß Arbeits-
    vorbereitung
    und
    die Ist-Einsatzstunden gemäß Arbeits-
    meldung.

In der Regel sind jedoch die Soll-Einsatzstunden immer nur für die Arbeitseinheiten der Herstellung als Betriebsabteilung des Betriebsgeschäfts bekannt.

Die Soll-Einsatzstunden sind die Plan-Einsatzstunden für eine bestimmte Ist-Ausbringungsmenge gemäß folgender Rechnung:

> Plan-Einsatzstunden
> gemäß Arbeitsplanung der Arbeitsvorbereitung
>
> x Ist-Ausbringungsmenge
> gemäß Arbeits- bzw. Leistungsmeldung
>
> = Soll-Einsatzstunden.

Diese sind so betrachtet die Soll-Einsatzstunden einer Arbeitseinheit für die von ihr durchgeführten Arbeitsaufträge - einzeln und insgesamt.

Der Einsatzpreis ist immer der Plan-Einsatzpreis gemäß Preisplanung. Dieser kann entweder der

> Generalpreis
> für den generellen
> Arbeitseinsatz einer Arbeitseinheit
>
> oder aber der
>
> Spezialpreis
> für jede spezielle
> Einsatzkombination einer Arbeitseinheit

sein. Im zuletzt genannten Falle würde eine Arbeitseinheit mehrere Einsatzpreise haben, nämlich für jede ihrer

> planmäßig möglichen
> Einsatzkombinationen

einen - wie es die betriebliche Wirklichkeit von Fall zu Fall verlangt.

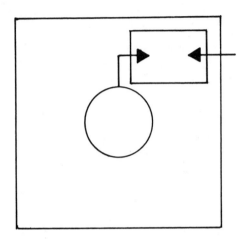

Die
Arbeitswirtschaft
für die
Arbeitsaufgaben

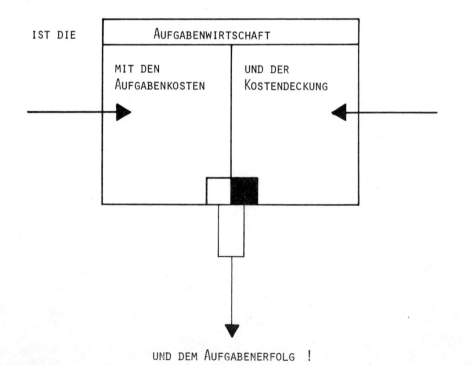

ist die

und dem Aufgabenerfolg !

3.2 DIE AUFGABENWIRTSCHAFT

Die zweite Teilwirtschaft der Arbeitswirtschaft ist die Aufgabenwirtschaft. Deren Wirtschaftsmaxime ist die Aufgaben-Aufwendigkeit.

Der Wirtschaftsgegenstand der Aufgabenwirtschaft jeder einzelnen Betriebseinheit ist die wirtschaftliche Erfüllung der ihr gestellten Arbeitsaufgaben. Diese ist nur in dem Maße wirtschaftlich, wie

>die angefallenen Aufgabenkosten
>durch die
>dafür vorgesehenen Kostendeckungen

gedeckt werden. Und das wird durch den Aufgabenerfolg zum Ausdruck gebracht: als Über- oder Unterdeckung der Aufgabenkosten durch die Kostendeckung bzw. Kostendeckungen gemäß folgender Definition:

>Kostendeckung
>- Aufgabenkosten
>= Aufgabenerfolg als Über- oder
>   Unterdeckung.

Dieser sollte im Bedarfsfalle für jede einzelne Aufgabenstellung getrennt nachgewiesen werden. In der Regel genügt jedoch der getrennte Nachweis nur der Aufgabenkosten, für die nur eine gemeinsame Kostendeckung zur Verfügung steht. In diesen Fällen gibt es dann auch nur einen einzigen Aufgabenerfolg für eine Betriebseinheit.

Die Arbeitsaufgaben eines Unternehmensbetriebes sind für jede einzelne Betriebseinheit getrennt zu definieren. Dies zu tun, ist Sache der Betriebsorganisation. So sind z.b. für die einzelnen Arbeitseinheiten der Betriebseinheit Vertrieb folgende Arbeitsaufgaben hauptsächlich zu unterscheiden:

> Vertriebsleitung
> mit der zentralen Vertriebsverwaltung,
> Verkauf,
> Auftragsbearbeitung,
> Vorratshaltung,
> Versand und Auslieferung,
> Rechnungslegung und Rechnungsschreibung,
> Kundendienst und
> Werbung.

Dies sind die sog. Regelaufgaben, die mehr oder weniger jeder Vertrieb zu erfüllen hat. Darüber hinaus können aber auch noch andere Arbeitsaufgaben als sog. Anderaufgaben definiert und dann auch organisiert werden.

Für die Erfüllung der einzelnen Arbeitsaufgaben können besondere Arbeitseinheiten eingerichtet und eingesetzt werden. Insoweit würde dann die Arbeitsteilung einer Betriebseinheit ihrer Aufgabenteilung entsprechen. Aber das muß nicht sein und ist in der Regel auch nicht so. Da ist eine Arbeitseinheit eine Mehrfunktionseinheit. Und das bedeutet, daß von ihr nicht nur eine, sondern mehrere Arbeitsaufgaben bedient werden. Aber nicht nur das; in vielen Fällen lassen Unternehmensbetriebe einzelne Arbeitsaufgaben, die für bestimmte Betriebseinheiten definiert sind, durch Fremdbetriebe statt durch eigene Arbeitseinheiten besorgen: als Fremdleistungen bestimmter Unternehmenspartner.

So kann z.B. die gesamte Werbung von einer
unter Vertrag stehenden Werbeberatung gemacht
werden. Auch die gesamte Auslieferung kann in
sog. Fremdarbeit erfolgen. Dies ist in der Regel
eine Frage der Wirtschaftlichkeit.

Gerade diese Beispiele zeigen den Unterschied
zwischen einer Arbeitsaufgabe und einer Arbeitseinheit. Bestimmte Arbeitsaufgaben hat jeder
Unternehmensbetrieb. Sie führen früher oder später
zur Aufgabenteilung. Ob er aber auch für jede
Arbeitsaufgabe eine hierfür zuständige Arbeitseinheit
zum Einsatz bringt, ist eine ganz andere Frage.

Aufgabenteilung und Arbeitsteilung sind bekanntlich
betriebswirtschaftlich zweierlei. Gesamtbetrieblich
führt die Aufgabenteilung

> zur Teilung eines Unternehmensbetriebes
> in einzelne betriebliche Aufgabenbereiche
> in Gestalt der einzelnen Betriebseinheiten.

Dagegen führt die Aufgabenteilung innerhalb jeder
einzelnen Betriebseinheit zur Arbeitsteilung. Und
die bedeutet früher oder später

> die Teilung einer Betriebseinheit
> in einzelne betriebliche Arbeitseinheiten
> zur wirtschaftlicheren Erfüllung
> der einzelnen Arbeitsaufgaben

einer Betriebseinheit - und damit des Unternehmensbetriebes insgesamt.

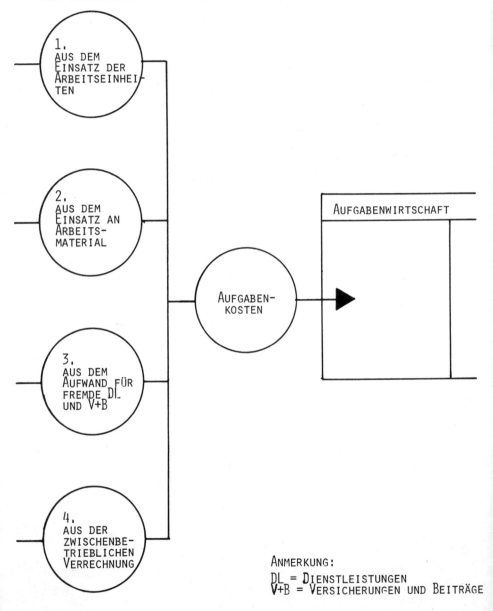

3.21 DIE AUFGABENKOSTEN

Die Aufgabenkosten sind die Arbeitskosten für die Arbeitsaufgaben einer Betriebseinheit. Diese interessieren für jede Betriebsaufgabe i.S. einer betrieblichen Aufgabenstellung.

Die Kostenarten für die Aufgabenkosten werden durch folgende Kostenbestandteile bestimmt:
1. die Kosten aus dem Arbeitseinsatz betriebseigener Arbeitseinheiten
   1.1 der Betriebseinheit selbst und
   1.2 anderer Betriebseinheiten,
2. die Kosten aus dem Einsatz an Arbeitsmaterial als Aufgabenmaterial
   2.1 aus Einkauf und
   2.2 aus Vorrat,
3. die Kosten aus dem Aufwand für
   3.1 fremde Dienstleistungen aller Art,
   3.2 Versicherungen und Beiträge und
   3.3 Steuern, Abgaben und Gebühren   und
4. die Kosten aus zwischenbetrieblichen Verrechnungen aller Art.

In dieser Unterteilung werden die Aufgabenkosten für jede interessierende und darum definierte Betriebsaufgabe nachgewiesen. Jedenfalls ist das die Unterteilung, in der sie überhaupt nur nachweisbar sind.

DIE KOSTENDECKUNG
FÜR DIE
AUFGABENKOSTEN
STAMMT ENTWEDER AUS DEM LEISTUNGSNUTZEN
ODER AUS DEN EINSATZKOSTEN !

AUFGABENWIRTSCHAFT

KOSTEN-
DECKUNG

AUS DEM
LEISTUNGS-
NUTZEN

AUS DEN
EINSATZ-
KOSTEN

3.22 DIE KOSTENDECKUNG

Im Gegensatz zur Einsatzwirtschaft, wo die Kostendeckung für die Einsatzkosten durch die Einsatzerträge aus dem Arbeitseinsatz der einzelnen Arbeitseinheiten gegeben ist, hat die Kostendeckung für die Aufgabenkosten der Aufgabenwirtschaft nicht für alle Betriebseinheiten Ertragscharakter. Hierfür gilt folgende Regelung, die zwischen den Betriebseinheiten

    des Betriebsgeschäfts,
    der Betriebszentrale und
    des Betriebshaushalts

grundsätzlich unterscheidet:

    Für die Betriebseinheiten in den Betriebsabteilungen des Betriebsgeschäfts ist die Kostendeckung für die Aufgabenkosten aus dem Leistungsnutzen der Leistungswirtschaft abgeleitet, was ihren Ertragscharakter begründet.

    Für die Betriebseinheiten in den Betriebsabteilungen der Betriebszentrale - hier jedoch nur der Zentralverwaltung - ist die Kostendeckung für die Aufgabenkosten ebenfalls aus dem Leistungsnutzen der Leistungswirtschaft abgeleitet, nämlich der Geschäftsabteilung Vertrieb. Auch diese hat darum Ertragscharakter.

    Für die Betriebseinheiten in den Betriebsabteilungen der Betriebshaushalte dagegen ist die Kostendeckung für die Aufgabenkosten aus den Einsatzkosten für die Einsatzwirtschaft abgeleitet, was deren

Kostencharakter begründet.
Nur in dem zuletzt genannten Falle ist darum
die Kostendeckung das, was wir unter einer Kostenvorgabe mit der Aussage von Soll-Kosten zu verstehen
haben. In den ersten beiden Fällen handelt es sich
dagegen um Ertragsanteile, die sich aus der sog.
Ertragslast ergeben, über die noch zu sprechen
sein wird. Jene bestimmt die planmäßige Ertragsverwendung als Verwendung der mit den Betriebsleistungen des Betriebsgeschäfts verdienten Leistungsnutzen i.S. von Reinerträgen.

Zu dieser Regelung gibt es jedoch eine Ausnahme.
Diese betrifft die sog. unproduktiven Betriebseinheiten der Geschäftsabteilung Herstellung,

> deren Aufgabenkosten gemeinschaftlich
> getragen und

> deren Kostendeckungen darum auch gemeinschaftlich
> aufgebracht

werden. Dies sind z.B. die Betriebseinheiten

> der übergeordneten Betriebsleitung,
> des Innentransports und
> der Vorratshaltung,

über die bereits in anderem Zusammenhang gesprochen
wurde. Deren Kostendeckungen sind - wie auch schon
im Falle der Betriebseinheiten für die Betriebshaushalte - aus den Arbeitskosten für die Einsatzwirtschaft als den

> indirekten Einsatzkosten der
> in der Einsatzwirtschaft einer Betriebseinheit
> zum Einsatz kommenden Arbeitseinheiten

abgeleitet. Jene sind bekanntlich als Plan-Kosten

für die Ist-Beschäftigung definiert und kalkuliert.

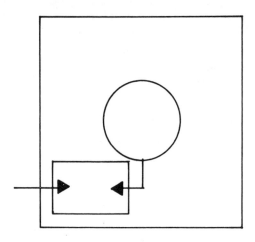

DIE
ARBEITSWIRTSCHAFT
FÜR DEN
ARBEITSVERBRAUCH

IST DIE

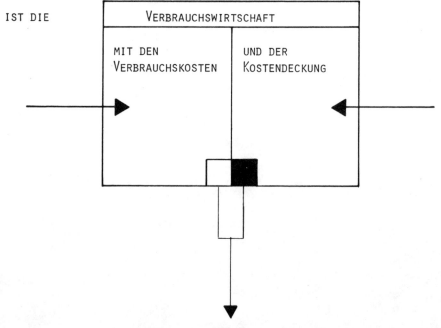

UND DEM VERBRAUCHSERFOLG !

3.3 DIE VERBRAUCHSWIRTSCHAFT

Die dritte Teilwirtschaft der Arbeitswirtschaft
für jede einzelne Bezriebseinheit ist die
Verbrauchswirtschaft. Deren Wirtschafts-Maxime
ist die Verbrauchs-Sparsamkeit.

Der Wirtschaftsgegenstand der Verbrauchswirtschaft
ist der wirtschaftliche, sprich sparsame Einsatz
an Verbrauchseinheiten in deren Arbeitseinheiten.
Dieser ist immer nur in dem Maße wirtschaftlich oder
auch sparsam, wie

>die tatsächlichen Verbrauchskosten
>aus dem Ist-Einsatz an Verbrauchseinheiten
>durch
>die dafür aufgebrachte Kostendeckung

gedeckt werden. Das wird durch den Verbrauchs-
erfolg zum Ausdruck gebracht: als Über- oder
Unterdeckung der Verbrauchskosten durch die
Kostendeckung bzw. Kostendeckungen gemäß folgender
Definition:

>Kostendeckung
>- Verbrauchskosten
>= Verbrauchserfolg als Über- oder
>   Unterdeckung.

Dieser ist für jede der vier Verbrauchseinheiten-
Gruppen getrennt nachweisbar: für

>das Betriebspersonal,
>die Betriebsanlagen,
>das Betriebsmaterial und
>die Betriebsenergie.

Hierbei sind die jeweiligen Verbrauchskosten Ausdruck

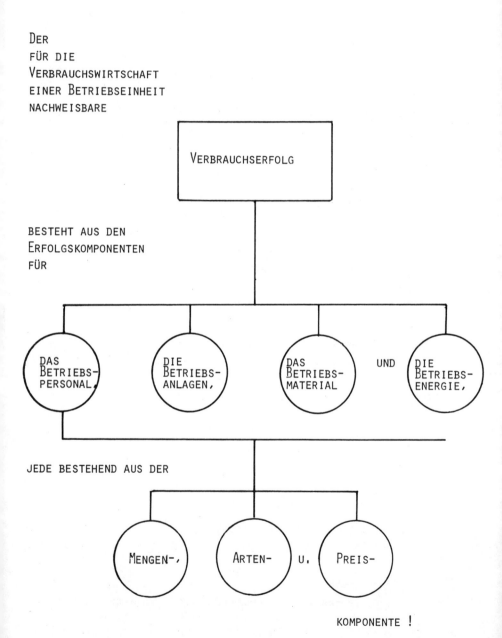

für den Ist-Einsatz, die Kostendeckungen dagegen
für den Soll-Einsatz an unterschiedlichen Verbrauchseinheiten.

Die durch den Verbrauchserfolg nachgewiesene
Soll-Istabweichung kann mengen-, arten- und auch
preisbedingt sein:

    mengenbedingt, wenn die Ist-Mengen
    andere sind als die geplanten,

    artenbedingt, wenn die Ist-Arten
    andere sind als die geplanten und

    preisbedingt, wenn die Ist-Preise
    für die Ist-Arten andere sind als geplant.

Entsprechend kann der Verbrauchserfolg für jede
Verbrauchseinheiten-Gruppe mit drei Erfolgskomponenten
nachgewiesen werden: der

    Mengen-,
    Arten- und
    Preiskomponente.

Das ermöglicht eine sehr detaillierte Erfolgsanalyse.

DIE VERBRAUCHSKOSTEN
SIND DIE
ARBEITSKOSTEN FÜR DIE VERBRAUCHSWIRTSCHAFT
ALS TEILWIRTSCHAFT DER ARBEITSWIRTSCHAFT:

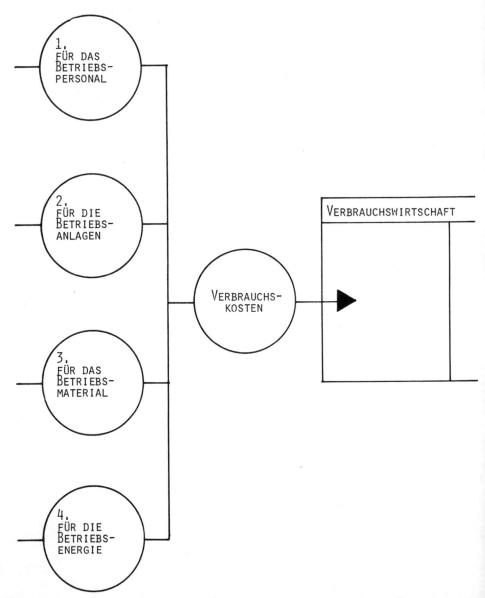

3.31 DIE VERBRAUCHSKOSTEN

Die Verbrauchskosten sind die Arbeitskosten für die Verbrauchswirtschaft einer Betriebseinheit. Sie sind die Kosten aus dem

> Ist-Einsatz
> an
> Verbrauchseinheiten
> in den
> Arbeitseinheiten

einer Betriebseinheit. Für diese sind bekanntlich vier Gruppen zu unterscheiden:

> das Betriebspersonal,
> die Betriebsanlagen,
> das Betriebsmaterial und
> die Betriebsenergie.

Entsprechend handelt es sich bei den Verbrauchskosten um

> Personal-,
> Anlagen-,
> Material- und
> Energiekosten.

Diese werden - zumindest in der Regel - nur als

> Blockkosten
> in dieser
> Vierteilung

ohne weitere Aufteilung nach einzelnen Kostenarten nachgewiesen. Das ist auch völlig ausreichend, weil erfahrungsgemäß die

> Betriebsführung
> einer
> Betriebseinheit

in der Regel gar nicht mehr wissen will. Ihr sind die anderen Betriebsinformationen der

> Betriebsrechnung
> für jede
> Betriebseinheit

weitaus wichtiger als diese Kosteninformation. Dabei ist gerade diese die Hauptinformation der herkömmlichen

> Betriebsrechnung
> nur als
> Kostenrechnung.

Das ist zumindest bemerkenswert.

Zu dem zuvor Gesagten gibt es eine Ausnahme. Die betrifft die Personalkosten. Diese werden in der Aufteilung für die

> Betriebsleitung
> und die
> Betriebsmannschaft

nachgewiesen. Das ist auch sinnvoll, aber auch nicht unbedingt notwendig.

Zu sagen ist noch, daß die Feststellung des Ist-Einsatzes an Verbrauchseinheiten und damit der Ist-Verbrauchskosten einer Betriebseinheit betriebstechnisch in der

Regel auf Schwierigkeiten stößt. Aber nicht nur
das. Auch wo diese betriebstechnisch möglich wäre,
würde sie doch in der Regel einen unverhältnis-
mäßig großen Arbeitsaufwand verursachen. Beides
war schon immer das Problem der herkömmlichen Ist-
Kostenrechnung.

Für die Verbrauchskosten bedeutet das, daß diese
in der Regel nicht vollständig für die einzelne
Betriebseinheit nachweisbar sind. Aber das ist
auch - ebenfalls in der Regel - kein großer Mangel.
Das jedenfalls lehrt die in der Betriebspraxis
gewonnene Erfahrung. Die begnügt sich in der Regel
mit der Information über die

>   Kostendeckungen
>   für die
>   Verbrauchskosten,

die in jedem Falle bekannt sind. Da diese letztlich
das Ergebnis einer analytischen Kostenplanung sind,
ist deren Aussage meistens informativer als die der
Verbrauchskosten selbst.

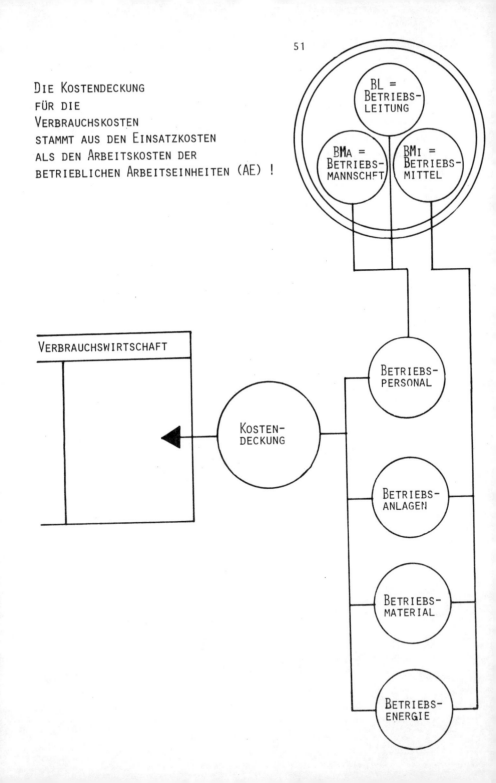

3.32 DIE KOSTENDECKUNG

Die Kostendeckung für die Verbrauchskosten
ist als Kostenvorgabe mit der Aussage von
Soll-Kosten zu verstehen. Diese ist bekanntlich
aus den Arbeitskosten für die Einsatzwirtschaft
und damit aus den

> Einsatzkosten aller in einer Betriebseinheit
> zum Einsatz kommenden Arbeitseinheiten

abgeleitet. Für diese wird - was auch schon
bekannt ist - zwischen

> direkten
> und
> indirekten

Einsatzkosten unterschieden. Erstere bestehen
bekanntlich aus den für die drei Verbrauchseinheiten
jeder Arbeitseinheit nachweisbaren Einsatzkosten,
nämlich für

> die Betriebsleitung,
> die Betriebsmannschaft und
> die Betriebsmittel.

Von diesen ergeben die Leitungs- und Mannschaftskosten
zusammen die Einsatzkosten für das Betriebspersonal.
Dagegen setzen sich die Betriebsmittelkosten (!)
aus den Einsatzkosten für

> die Betriebsanlagen,
> das Betriebsmaterial und
> die Betriebsenergie

zusammen. Und alle sind bekanntlich als Plan-Kosten
für die Ist-Beschäftigung definiert und entsprechend
auch kalkuliert.

DIE AKTIONSWIRTSCHAFT
IST DIE
HANDLUNGSWIRTSCHAFT DES UNTERNEHMENSBETRIEBES,
BESTEHEND AUS DER

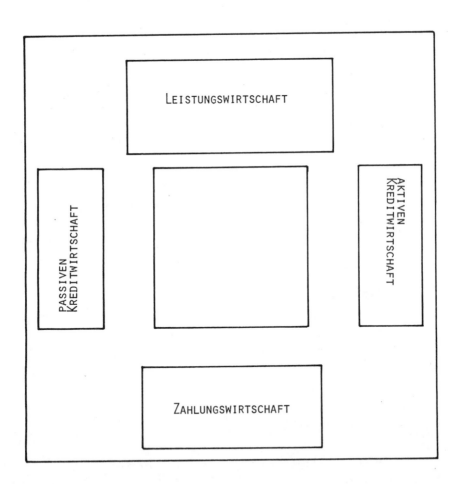

4. DIE AKTIONSWIRTSCHAFT

Betriebsaktion heißt Betriebshandlung.
Entsprechend ist die Aktionswirtschaft die
Handlungswirtschaft des Unternehmensbetriebes.
Und die ist bekanntlich dessen Zweckwirtschaft.
Ihre Wirtschaftsmaxime ist die Handlungs-Aktivität.

Die Teilwirtschaften der Aktions- oder auch
Handlungswirtschaft sind primär die

>Leistungs-,
>Zahlungs- und
>Kreditwirtschaft

und sekundär deren

>Vermögens- und
>Vorgangswirtschaften.

Erstere sind darum auch die Primärwirtschaften,
letztere die Sekundärwirtschaften der Aktions-
oder auch Handlungswirtschaft: als Teilwirtschaften
1. und 2. Grades der Betriebswirtschaft.

Die

> LEISTUNGSWIRTSCHAFT
>
> IST
> DIE HAUPTWIRTSCHAFT
> DER AKTIONSWIRTSCHAFT ALS
> HANDLUNGSWIRTSCHAFT DES
> UNTERNEHMENSBETRIEBES !

5. DIE LEISTUNGSWIRTSCHAFT

Ist die Betriebsleistung die Hauptaktion der Betriebsaktion, so ist die Leistungswirtschaft entsprechend die

>Hauptwirtschaft
>der
>Aktionswirtschaft

eines Unternehmensbetriebes. Deren beiden Teilwirtschaften sind die Vermögens- und die Vorgangswirtschaft:

>die Vermögenswirtschaft für das betriebliche Leistungsvermögen

>und

>die Vorgangswirtschaft für die betrieblichen Leistungsvorgänge.

Diese sind bekanntlich Betriebswirtschaften zweiter Ordnung und damit Sekundärwirtschaften - im Gegensatz zur Leistungswirtschaft, die eine Primärwirtschaft ist.

Das Leistungsvermögen der Leistungswirtschaft ist das Sachvermögen - im Gegensatz zum

>Geld- und
>Kreditvermögen

eines Unternehmensbetriebes. Dieses besteht aus den Sachanlagen und den Sachvorräten. Die Sachanlagen sind immer nur das Leistungsvermögen des sog. Anlagenhaushalts als des

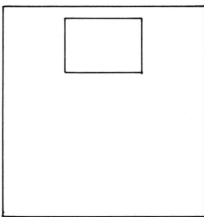

Die beiden
Teilwirtschaften der
Leistungswirtschaft sind
- wie bei jeder Aktionswirtschaft -
die Vermögens- und Vorgangswirtschaft !

Die Leistungswirtschaft jedes Betriebsbereiches		
MIT DER	Vermögens-wirtschaft für das Leistungsvermögen	
UND DER		
Vorgangswirtschaft für den Leistungseingang	UND	Vorgangswirtschaft für den Leistungsausgang

Betriebshaushalts
für die
Betriebsanlagen.

Diese bestehen aus den verschiedenen Anlagegegenständen, die hier wie folgt gruppiert werden sollen:

Betriebsgrundstücke,
Betriebsgebäude,
Maschinen,
maschinelle Anlagen aller Art,
Fahrzeuge,
Werkstatt- und Büroeinrichtungen,
Raumausstattungen,
Werkzeuge, Lehren, Vorrichtungen und Modelle und
im Bau befindliche Anlagen aller Art.

Für diese interessieren alle Bestände und Bestandsbewegungen:

die Bestände
als Anfangs- und Endbestände

und

die Bestandsbewegungen
als Bestandszugänge und Bestandsabgänge,
  die Bestandszugänge aus
  Einkäufen und Selbsterstellung
und
  die Bestandsabgänge aus
  Verkäufen und Verschrottung.

Dagegen ist die sog. Abschreibung auf Betriebsanlagen kein Bestandsabgang sondern nur eine Wertberichtigung. Diese ist somit nur ein kalkulatorischer und kein körperlicher und damit tatsächlicher Vorgang.

DAS WIRTSCHAFTSVERMÖGEN DER
LEISTUNGSWIRTSCHAFT
IST DAS LEISTUNGSVERMÖGEN
IM GEGENSATZ ZUM GELD- UND KREDITVERMÖGEN.
DIESES IST IMMER EIN
SACHVERMÖGEN,
BESTEHEND AUS DEN SACHANLAGEN
UND DEN

SACHVORRÄTEN, IHRERSEITS BESTEHEND AUS					
DEM EINKAUFSMATERIAL ALS		DEN HALBFABRI- KATEN	DER VERKAUFSWARE ALS	
LEISTUNGS- MATERIAL	ARBEITS- MATERIAL		VERKAUFS- ERZEUGNIS- SE	HANDELS- WAREN
ERMA	HAWA	AUMA	VEMA		

    = ERZEUGUNGSMATERIAL
       = HANDELSWARE
           = AUFGABENMATERIAL
               = VERBRAUCHSMATERIAL !

Die Sachvorräte sind bis auf das sog. Arbeitsmaterial
Vorräte der Geschäftsabteilungen Beschaffung,
Herstellung und Vertrieb. Dagegen ist das sog.
Arbeitsmaterial in der Regel nur Vorratsmaterial für
den sog. Material-Haushalt.

Arbeitsmaterial heißt deshalb so, weil es für den
Einsatz in der Arbeitswirtschaft bestimmt ist.
Im Gegensatz hierzu ist das Leistungsmaterial das
für den Einsatz in der Leistungswirtschaft bestimmte Betriebsmaterial.

Zu den Sachvorräten eines Unternehmensbetriebes
gehören
1. das Einkaufsmaterial
    1.1 als Leistungsmaterial
        mit dem Erzeugungsmaterial
        und der Handelsware,
    1.2 als Arbeitsmaterial
        mit dem Aufgaben-
        und dem Verbrauchsmaterial
2. die Halbfabrikate
    aller Fertigungsstufen der Herstellung und
3. die Verkaufsware
    3.1 als Eigenerzeugnisse und
    3.2 als Handelsware.

Die allgemein übliche Gliederung des Einkaufsmaterials nach Roh-, Hilfs- und Betriebsstoffen
ist insofern betriebsfremd, als sie an der betrieblichen Realität vorbeigeht. Sie ist ein Relikt
der herkömmlichen Betriebsrechnung und bedarf darum
dringend einer fortschrittlichen Alternative.

Im Gegensatz zu den Sachanlagen interessieren für
die Sachvorräte neben den Beständen und Bestandsbewegungen auch noch die

    Bestandsveränderungen
        mit den Mehr- und Minderbeständen

und die

    Bestandsabweichungen
        mit den Zuviel- und Zuwenigbeständen.

Die Vorrätebestände können fortgeschriebene oder
aufgenommene sein. Letztere sind die gemäß
Inventur als der körperlichen Bestandsaufnahme.
Und die sind letztlich immer verbindlich - mögen sie
auch oftmals (!) noch so falsch sein.

Ist das Leistungsvermögen das Zweckvermögen, so sind
die Leistungsvorgänge die Zweckvorgänge eines
Unternehmensbetriebes. Die werden bekanntlich nur
durch Arbeitsvorgänge bewirkt, denn nur

    Betriebsarbeit
    bewirkt
    Betriebsleistung -

und die ist der betriebliche Kernvorgang.

Für jeden Unternehmensbetrieb ist eine Vielzahl
unterschiedlicher Leistungsvorgänge festzustellen.
Diese sind die Folge ganz unterschiedlicher Betriebsaufgaben, die sich entsprechend seiner funktionalen
Dreiteilung in

> das Betriebsgeschäft,
> die Betriebszentrale und
> den Betriebshaushalt

in Geschäfts-, Zentral- und Haushaltsaufgaben zusammenfassen lassen. Darüber soll nachfolgend gesprochen werden.

Bekanntlich ist die Betriebseinheit die kleinste betriebliche Funktionseinheit mit eigener Betriebswirtschaft und damit auch eigener Wirtschaftlichkeit. Deren beiden Teilwirtschaften sind die

> Leistungs- und
> Arbeitswirtschaft.

Hier geht es um deren Leistungswirtschaft. Die ist aufgabenbedingt für alle Betriebseinheiten

> mehr
> oder
> weniger

verschieden - mehr zwischen und weniger unter den Betriebseinheiten der drei großen Betriebsbereiche

> des Betriebsgeschäfts,
> der Betriebszentrale und
> des Betriebshaushalts.

Das macht eine getrennte Betrachtung notwendig.

Die Leistungswirtschaft
für das

┌─────────────────────────────────┐
│   ┌──────────────────┐   │
│   │ Betriebsgeschäft │   │
│   └──────────────────┘   │
│   ┌──────────┐   │
│   │   │   │
│   └──────────┘   │
│   ┌─────────────────────────┐   │
│   │   │   │
│   └─────────────────────────┘   │
└─────────────────────────────────┘

ist die wichtigste Teilwirtschaft des Unternehmensbetriebes !

6. DIE LEISTUNGSWIRTSCHAFT FÜR DAS BETRIEBSGESCHÄFT

Die wichtigste Leistungswirtschaft eines Unternehmensbetriebes ist die für das Betriebsgeschäft. Deren Wirtschaftsmaxime ist die Leistungs-Produktivität. Und die ist der wirtschaftliche Ausdruck dafür, ob und in welchem Maße ein Unternehmensbetrieb mit seinen Geschäftsleistungen als den Betriebsleistungen seines Betriebsgeschäfts nicht nur einen

> Leistungsertrag als Rohertrag (!)
> erzielt, sondern auch einen
> Leistungsnutzen als Reinertrag (!)

verdient. Entsprechend ist auch zwischen der

> Ertrags-Aktivität (!)
> und der
> Nutzen-Produktivität (!)

grundsätzlich zu unterscheiden. In der herkömmlich üblichen Theorie und Praxis in unserer

> Wirtschaft und
> Wirtschaftswissenschaft

wird aber dieser Unterschied nicht gemacht. Da wird schon als

> Produktivität
> betrachtet, was doch nur
> Aktivität (!)

ist. Daß meistens Produktivität auch nur mengenmäßig im Hinblick auf eine ausgebrachte Leistungsmenge verstanden wird, soll hier der Vollständigkeit halber nur erwähnt werden. Da wird dann die Betriebsleistung auch nur als Quantität und nicht als wirtschaftliche Qualität gesehen und gewertet.

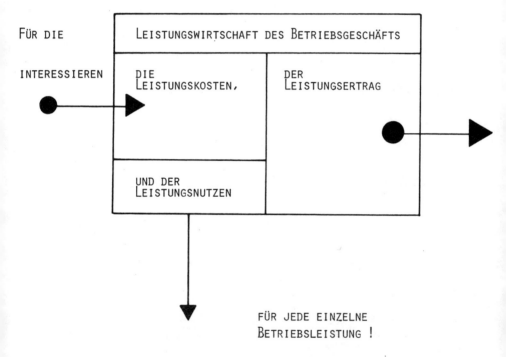

Wichtig für die gesamte leistungswirtschaftliche
Betrachtung ist die Unterscheidung von Leistungsertrag und Leistungsnutzen:

    dem Leistungsertrag als Leistungswert
    und
    dem Leistungsnutzen als Leistungsmehrwert.

Der Leistungsertrag ist hierbei immer nur die zu
- wie auch immer gearteten - Leistungspreisen
bewertete Leistungsmenge. Für den Leistungsnutzen gilt folgende Definition:

    Leistungsertrag   als Leistungswert
    - Leistungskosten als Einsatzwert
    = Leistungsnutzen als Mehrwert.

Hierbei sind die Leistungskosten der zu Einsatzpreisen bewertete Leistungseinsatz. Über letzteren
gibt es in der betriebswirtschaftlichen Theorie
und Praxis geteilte Meinungen. Hier soll zum besseren
Verständnis nur festgestellt werden, daß

    Leistungseinsatz
    und
    Arbeitseinsatz

zwei ganz verschiedene Dinge sind, was aber leider
meistens nicht beachtet wird.

GEMÄSS
FUNKTIONALER BETRIEBSORGANISATION
SIND

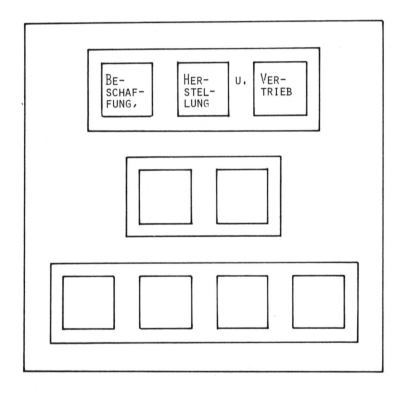

DIE BETRIEBSABTEILUNGEN DES BETRIEBSGESCHÄFTS.

Gemäß funktionaler Betriebsorganisation
sind bekanntlich

> Beschaffung,
> Herstellung und
> Vertrieb

die Betriebsabteilungen des Betriebsgeschäfts
im Falle eines Produktionsbetriebes. Jede von ihnen
hat selbstverständlich ihre eigene Leistungswirtschaft mit einer aufgabenbedingt unterschiedlichen
Wirtschaftstruktur.

4. LEISTUNGS-
WIRTSCHAFT
UND
5. FÜR DAS BG =
B'GESCHÄFT

3. AKTIONSWIRTSCHAFT

2. BETRIEBSWIRTSCHAFT

1. UNTERNEHMENSWIRTSCHAFT

Unter dem Gesichtspunkt der wirtschaftlichen
Zweckbestimmung eines Unternehmens kann man
sagen, daß

    die Betriebswirtschaft die Zweckwirtschaft
    der Unternehmenswirtschaft,

    die Aktionswirtschaft die Zweckwirtschaft
    der Betriebswirtschaft,

    die Leistungswirtschaft die Zweckwirtschaft
    der Aktionswirtschaft

    und innerhalb dieser die Leistungswirtschaft
    für das Betriebsgeschäft

die letztendlich interessierende Zweckwirtschaft
des Unternehmens ist.

Die
betriebswirtschaftliche Betrachtung
des

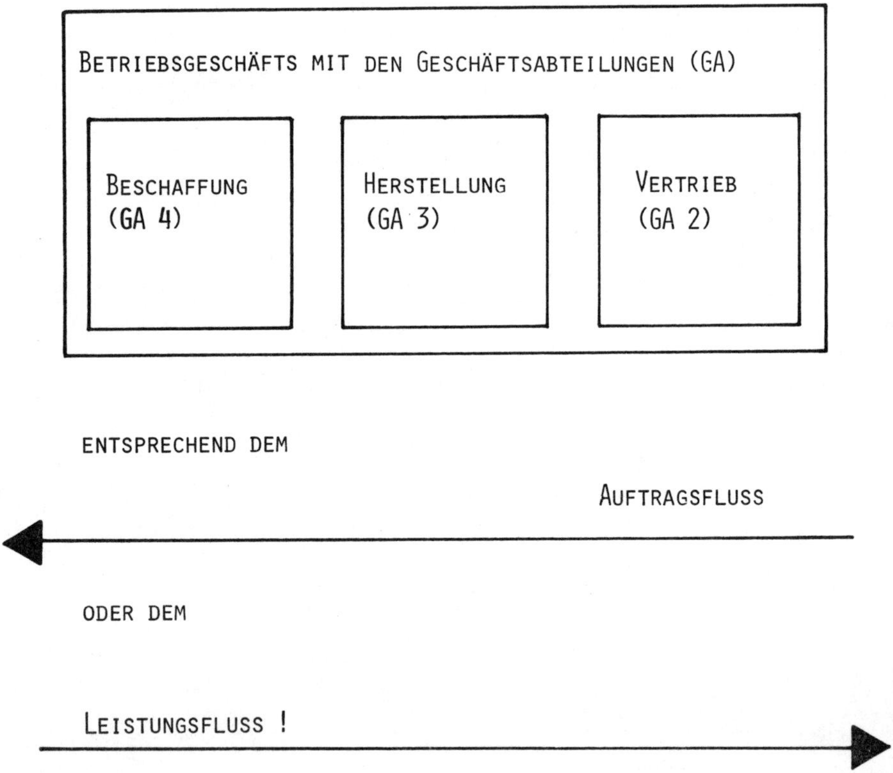

Betriebsgeschäfts mit den Geschäftsabteilungen (GA)		
Beschaffung (GA 4)	Herstellung (GA 3)	Vertrieb (GA 2)

entsprechend dem

Auftragsfluss

←─────────────────────────────────

oder dem

Leistungsfluss !

─────────────────────────────────→

Für alle leistungswirtschaftlichen Betrachtungen
gibt es zwei Betrachtungsrichtungen:

    entweder entsprechend dem Auftragsfluß
    als dem Fluß der Leistungsaufträge
    vom Vertrieb über die Herstellung zur Beschaffung

    oder entsprechend dem Leistungsfluß
    als dem Fluß der Auftragsleistungen
    von der Beschaffung über die Herstellung zum
    Vertrieb.

Letztere soll für die nachfolgenden Betrachtungen
zugrundegelegt werden.

Die

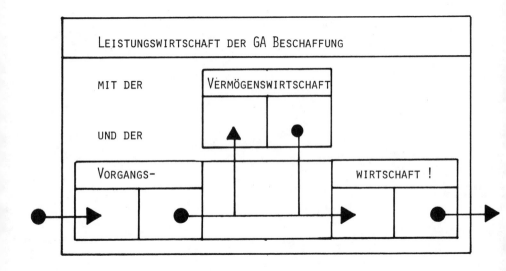

6.1 DIE LEISTUNGSWIRTSCHAFT DER BESCHAFFUNG ALS BETRIEBSABTEILUNG DES BETRIEBSGESCHÄFTS

Wirtschaftsgegenstand für die Leistungswirtschaft der Geschäftsabteilung Beschaffung sind zum einen die Leistungsvorräte in der Vermögenswirtschaft und zum anderen die Leistungsvorgänge in der Vorgangswirtschaft:

>die Leistungsvorräte mit den
>>Vorrätebeständen,
>>Bestandsbewegungen,
>>Bestandsveränderungen und
>>Bestandsabweichungen
>
>und
>
>die Leistungsvorgänge mit dem
>>Leistungseingang
>>und dem
>>Leistungsausgang.

Diese Zweiteilung des Wirtschaftsgegenstandes ist der Grund für die Zweiteilung der Leistungswirtschaft in die Vermögens- und Vorgangswirtschaft.

6.11 DIE VERMÖGENSWIRTSCHAFT

Hier geht es um die wirtschaftliche Vorratshaltung für die Vorräte an Geschäftsmaterial als einer besonderen Kategorie des Einkaufsmaterials. Dieses ist das Leistungsmaterial für das Betriebsgeschäft, bestehend aus dem

> Erzeugungsmaterial
> für die Geschäftsabteilung Herstellung
> und der
> Handelsware
> für die Geschäftsabteilung Vertrieb.

Wirtschaftliche Vorratshaltung bedeutet planmäßige Verfügbarkeit bei größtmöglicher Umschlags-Häufigkeit. Letztere ist die Wirtschaftsmaxime der Vermögenswirtschaft, die in diesem Falle eine Vorrätewirtschaft ist.

Die Bewertung der Vorrätebestände und -bewegungen kann entweder zu Effektiv- oder zu Kalkulationspreisen erfolgen:

> Effektivpreise als berechnete bzw.
> fortschriebene Ist-Einstandspreise
> und
> Kalkulationspreise als kalkulierte
> Plan-Einstandspreise, kurz KP I.

Letztere können konstant oder flexibel gehandhabt werden.

Eine Bewertung der Vorräte zu Kalkulationspreisen
ist zweifellos die betriebsrechnerisch einfachere
Lösung, sie ist aber betriebswirtschaftlich problematisch. Warum? Weil die in diesem Falle ausgewiesenen Vermögenswerte der Vorräte nicht die tatsächliche Einkaufssituation berücksichtigen. Liegen
die Einkaufspreise unter den Kalkulationspreisen, so
sind sie möglicherweise überbewertet, liegen dagegen
die Einkaufspreise über den Kalkulationspreisen,
so sind sie möglicherweise unterbewertet.

Für die Geschäftsabteilung Beschaffung empfiehlt
sich darum eine Vorrätebewertung zu Effektivpreisen.
In diesem Falle würde die Bestands- und Bewegungsrech-
nung wie folgt durchzuführen sein:

    Anfangsbestand zu Inventurpreisen
    + Bestandszugang zu berechneten Einstandspreisen
      gemäß Eingangsrechnung
    - Bestandsabgang zu fortgeschriebenen Bestands-
      preisen oder Durchschnittspreisen
    = Endbestand ebenfalls zu fortgeschriebenen
      Bestandspreisen oder Durchschnittspreisen.

Wichtig ist hierbei die Frage, ob der Bestandsabgang
individuell oder nur global erfaßbar ist:

    individuell als Einzelabgang für jede einzelne
    Entnahme
    oder
    global nur als Gesamtabgang für eine bestimmte
    Periode.

Die individuelle Erfassung verlangt eine - wie auch
immer geartete - Aufzeichnung, die globale dagegen
eine körperliche Bestandsaufnahme = Inventur.

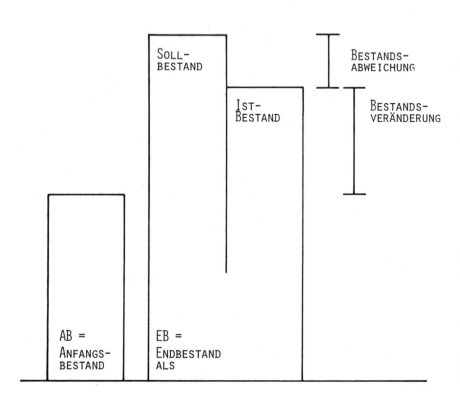

Die für die Vermögenswirtschaft der Geschäftsabteilung Beschaffung interessierenden Vermögens- bzw. Vorrätedaten sind

> die Vorrätebestände
> als Anfangs- und Endbestände,
> letztere gemäß Inventur und Fortschreibung
> als Ist- und Soll-Endbestände,
>
> die Bestandsbewegungen
> gemäß Vorgangsrechnung, hier
> der Beschaffung,
>
> die Bestandsveränderungen
> als Mehr- und Minderbestände der Endbestände
> gegenüber den Anfangsbeständen und
>
> die Bestandsabweichungen
> als Zuviel- und Zuwenigbestände im Falle der Endbestände.

Letztere sind auch hier als Betriebserfolg zu betrachten und abzurechnen, nämlich als

> Bestandserfolg
> i.S. eines mengenbedingten Leistungserfolges
> und damit Mengenerfolges

der Geschäftsabteilung Beschaffung. Dieser wird als solcher Bestandteil der Betriebsergebnisrechnung.

Für den Endbestand an Vorräten in der Beschaffung
sind der Ist- und Soll-Bestand zu unterscheiden:

    der Ist-Bestand gemäß körperlicher
    Bestandsaufnahme = Inventur

    und

    der Soll-Bestand gemäß Fortschreibung
    in der Betriebsrechnung.

Neben der Fortschreibung in der Betriebsrechnung
gibt es auch noch die Möglichkeit der Karteifortschreibung durch die Lagerverwaltung. Diese sollte möglichst
mit der der Betriebsrechnung koordiniert werden.

Für die Fortschreibung in der Betriebsrechnung
gilt folgende Definition:

    übernommener Anfangsbestand

    + Bestandszugang gemäß Vorgangsrechnung
      für den Leistungseingang

    - Bestandsabgang gemäß Vorgangsrechnung
      für den Leistungsausgang

    = fortgeschriebener Endbestand.

Die Abweichung zwischen dem Ist- und Soll-Endbestand
ist der Bestandserfolg gemäß folgender Rechnung:

    Ist-Endbestand gemäß Inventur
    - Soll-Endbestand gemäß Fortschreibung
    = Bestandserfolg als Zuviel- oder
                           Zuwenigbestand.

Dieser ist ausschließlich mengenbedingt, da sowohl
der Ist- als auch der Soll-Endbestand zu

    fortgeschriebenen Bestandspreisen
    i.S.
    durchschnittlicher Einstandspreise

bewertet bzw. zu bewerten sind. So gesehen ist
der Bestandserfolg immer ein Mengenerfolg. Da dieser
für die Leistungswirtschaft ausgewiesen wird, ist er
als solcher ein Leistungserfolg bzw. Bestandteil
desselben.

Zuviel- oder Zuwenigbestand sind etwas ganz anderes
als der Mehr- oder Minderbestand. Letztere sind
Feststellungen bezüglich der Bestandsveränderung,
erstere dagegen bezüglich der Bestandsabweichung.
Bestandsveränderung und Bestandsabweichung sind
zweierlei:

> die Bestandsveränderung ist das Mehr oder Weniger
> eines Endbestandes gegenüber dem entsprechenden
> Anfangsbestand,

> die Bestandsabweichung ist das Zuviel oder
> Zuwenig eines körperlich aufgenommenen Ist-
> Bestandes gegenüber dem fortgeschriebenen
> Soll-Bestand, was immer nur für einen Endbestand
> infrage kommt.

Im Gegensatz zur Bestandsveränderung ist die Bestandsabweichung immer Bestandteil der Betriebsergebnisrechnung: als

> Mengenerfolg
> und damit als
> Mengenkomponente des Leistungserfolges.

Die andere Komponente ist die Preiskomponente,
über die noch zu sprechen sein wird.

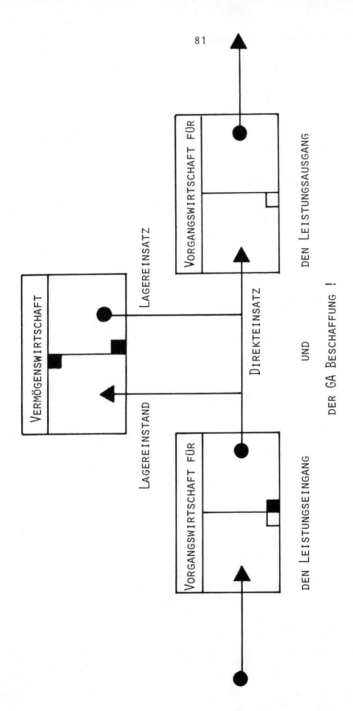

6.12 DIE VORGANGSWIRTSCHAFT

Die beiden Leistungsvorgänge der Geschäftsabteilung Beschaffung sind der Leistungseingang und der Leistungsausgang:

> der Leistungseingang als Passivvorgang
> mit dem
>> Leistungseinstand
>> und dem
>> Direkteinsatz
>
> als den beiden Möglichkeiten für den Leistungsverbleib
>
> und
>
> der Leistungsausgang als Aktivvorgang
> mit dem
>> Lagereinsatz
>> und dem
>> Direkteinsatz
>
> als den beiden Möglichkeiten der Leistungsherkunft.

Die eigentliche Geschäftsleistung der Geschäftsabteilung Beschaffung ist nicht der Leistungseingang sondern der Leistungsausgang. Nur dessen Wert ist darum auch betriebswirtschaftlich der Leistungsertrag und der mit diesem erzielte Mehrwert der Leistungsnutzen.

DER LEISTUNGSEINGANG
IST DIE
PASSIVTRANSAKTION DER GA BESCHAFFUNG :

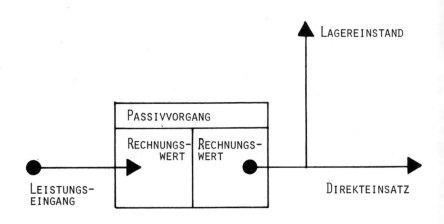

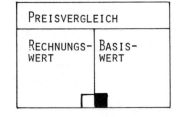

6.121 DER LEISTUNGSEINGANG

ist in diesem Falle immer ein externer Passivvorgang im Sinne einer Passivtransaktion zwischen

> dem Unternehmensbetrieb bzw. dessen
> Geschäftsabteilung Beschaffung
> als Leistungsnehmer
> und
> einem Unternehmenspartner
> als Leistungsgeber.

Das gilt für den Lagereinstand ebenso wie für den Direkteinsatz.

Die für den Leistungseingang interessierenden Leistungswerte richten sich danach, ob die Vorräte in der Vermögenswirtschaft

> zu Effektivpreisen
> oder
> zu Kalkulationspreisen

bewertet werden. Bekanntlich ist die erstere Möglichkeit betriebswirtschaftlich zu empfehlen. In diesem Falle interessieren für den Leistungseingang nur der Rechnungs- und Basiswert - und nicht auch noch der Kalkulationswert:

> der Rechnungswert als der berechnete
> Einkaufswert lt. Eingangsrechnung
> und
> der Basiswert als der Vergleichswert
> zur Feststellung der Preisentwicklung.

Letzterer ist der zu Basispreisen bewertete Leistungseingang. Hierbei sind Basispreise die

Einstandspreise per 1. Januar eines jeden Wirtschaftsjahres.

Der Rechnungswert i.S. des berechneten Einkaufswertes lt. Eingangsrechnung ist in der Regel immer der Einstandswert frei Unternehmensbetrieb, darum auch cif-Einkaufswert genannt. Er kann aber ausnahmsweise auch der fob-Einkaufswert sein. In diesem Falle müssen die Einstandskosten gesondert hinzugerechnet werden.

Der Unterschied zwischen Rechnungs- und Basiswert bringt die Preisveränderung

    als Verteuerung
    oder
    als Verbilligung

gegenüber dem 1. Januar eines jeden Wirtschaftsjahres zum Ausdruck. Diese genau zu kennen, ist betriebswirtschaftlich wichtig.

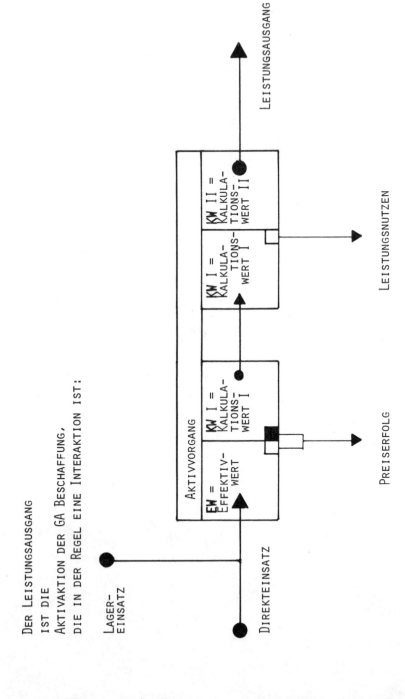

6.122 DER LEISTUNGSAUSGANG

kann für die Geschäftsabteilung Beschaffung
als Leistungsgeber sowohl ein interner als auch
ein externer Aktivvorgang sein:

    ein interner Aktivvorgang
    i.S. einer Interaktion,
    wenn der Leistungsnehmer eine Betriebseinheit
    des eigenen Unternehmensbetriebes ist,
    und
    ein externer Aktivvorgang
    i.S. einer Transaktion,
    wenn der Leistungsnehmer ein Unternehmenspartner
    ist.

Der zuerst genannte Fall ist zweifellos der
Regelfall, der zuletzt genannte dagegen die Ausnahme.
die auch hier die Regel bestätigt. Diese betrifft
den Fall eines Materialverkaufs.

Für die Frage, ob es sich um eine Inter- oder aber
Transaktion handelt, ist es gleichgültig, ob der
Leistungseinsatz ein Lager- oder Direkteinsatz
ist.

Die für den Leistungsausgang interessierenden Leistungswerte richten sich auch wieder danach, ob die Vorräte in der Vermögenswirtschaft der Geschäftsabteilung Beschaffung

> zu Effektivpreisen
> oder aber
> zu Kalkulationspreisen

bewertet werden. Bei Unterstellung der zuerst genannten, weil nämlich betriebswirtschaftlich zu empfehlenden Möglichkeit der Bewertung zu Effektivpreisen interessieren für den Leistungsausgang folgende Ausgangswerte:

> der Effektivwert, getrennt für den
> > Lagereinsatz zu den Effektivpreisen gemäß Bestandsfortschreibung
>
> und den
> > Direkteinsatz zu den Rechnungspreisen gemäß Eingangsrechnung,
>
> der Kalkulationswert I als der Soll-Einstandswert und
>
> der Kalkulationswert II als der Soll-Einsatzwert.

Die wertmäßigen Unterschiede dieser drei Ausgangswerte sind betriebswirtschaftlich wichtig. Sie ermöglichen zum einen die Feststellung des Preiserfolges i.S. der Preisabweichung zwischen Soll- und Ist-Einstandspreisen, zum anderen die Feststellung des Leistungsertrages i.S. des mit der Ausgangsleistung verdienten Leistungsnutzens.

6.1221 DER PREISERFOLG

ist eine Komponente des Leistungserfolges,
in diesem Falle der Geschäftsabteilung Beschaffung.
Dieser bringt zum Ausdruck, ob und in welchem
Maße die tatsächlich bezahlten Einkaufspreise den
geplanten gemäß Preisplanung entsprechen.

Eine solche Feststellung ist bekanntlich schon
einmal getroffen worden, nämlich für den Leistungseingang. Jene unterscheidet sich aber von dieser
in zweierlei Hinsicht:

> zum einen werden dort Einaufs- und Basispreise
> statt der hier interessierenden Kalkulationspreise miteinander verglichen,
> und
> zum anderen ist die dort festgestellte
> Preisdifferenz kein Preiserfolg im eigentlichen
> Sinne. Jene vermittelt nur eine ganz bestimmte
> Preisinformation, ohne dabei Bestandteil der
> Betriebskalkulation zu werden, nämlich der
> Erfolgsrechnung im Rahmen der Betriebswirtschaftsrechnung.

Für den Preiserfolg der Geschäftsabteilung Beschaffung
gilt folgende Definition:

> Kalkulationswert I für den Leistungsausgang
> − Effektivwert für den Lager- und Direkteinsatz
> = Preiserfolg.

Der kann positiv oder negativ und damit Gewinn
oder Verlust sein.

Der Kalkulationswert I für den Leistungsausgang
ist die zum KP I bewertete Ausgangsmenge. Hierbei
ist der KP I der

    Plan-Einstandspreis
    gemäß Preisplanung,

der für jedes einzelne Geschäftsmaterial zu
bestimmen und für eine bestimmte Wirtschaftsperiode,
in der Regel ein Jahr, entweder konstant oder flexibel
zu handhaben ist.

Anmerkung:
KP = Kalkulationspreis

6.1222 DER LEISTUNGSNUTZEN

ist bekanntlich der mit einer Betriebsleistung verdiente Reinertrag. Dieser ist Ausdruck für die Leistungs-Ergiebigkeit. Und die ist bekanntlich die Wirtschaftsmaxime für die Leistungswirtschaft des Betriebsegschäfts.

Da, wie auch schon gesagt, der Leistungsausgang und nicht der Leistungseingang die eigentliche Betriebs- oder auch Geschäftsleistung der Geschäftsabteilung Beschaffung ist, ist folglich der Kalkulationswert II des Leistungsausgangs auch der eigentliche Leistungsertrag. Er repräsentiert damit den Wert der erbrachten Leistung oder kurz gesagt den Leistungswert. Dieser ist der Rohertrag, der mit ihm verdiente Leistungsnutzen dagegen der Reinertrag. Und der ist in diesem Falle wie folgt definiert:

>   Kalkulationswert II für den Leistungsausgang
>   - Kalkulationswert I desselben
>   = Leistungsnutzen als Mehrwert.

Dieser ist, wie wir noch sehen werden, die kalkulatorische Deckung für die Arbeitskosten der Geschäftsabteilung Beschaffung.

Für den Regelfall des Leistungsausgangs der Geschäftsabteilung Beschaffung, der also immer eine aktive Interaktion darstellt, sind drei Möglichkeiten der Leistungsverwendung seitens der leistungsnehmenden Betriebseinheit grundsätzlich zu unterscheiden:

1. als Lagereinstand
2. als Einsatz entweder
   2.1 in der Leistungswirtschaft
       oder
   2.2 in der Arbeitswirtschaft.

Handelt es sich um einen Einsatz in der Arbeitswirtschaft, so kann dieser immer nur in deren Aufgabenwirtschaft erfolgen. Diese Regelung ist systembedingt.

6.123 DEFINITIONEN

RP	=	Rechnungspreis als Einkaufspreis lt. Eingangsrechnung, in der Regel als Einstandspreis,
BP	=	Basispreis als Vergleichspreis per 1. Januar eines jeden Wirtschaftsjahres,
KP I	=	Kalkulationspreis I als Plan-Einstandspreis gemäß Preisplanung, konstant oder flexibel,
KP II	=	Kalkulationspreis II als Plan-Einsatzpreis gemäß Preisplanung, konstant oder flexibel,
Eingang RW	=	Rechnungswert des Leistungseingangs lt. Eingangsrechnung
Eingang BW	=	Basiswert des Leistungseingangs aus Ist-Eingangsmenge zum Basispreis
Ausgang EW	=	Effektivwert des Leistungsausgangs, im Falle des Lagereinsatzes als Fortschreibungswert aus Ist-Ausgangsmenge zum fortgeschriebenen Bestandspreis und im Falle des Direkteinsatzes als Rechnungswert lt. Eingangsrechnung,
Ausgang KW I	=	Kalkulationswert I für den Leistungsausgang als Soll-Einstandswert des Ausgangs aus Ist-Ausgangsmenge zum Plan-Einstandspreis als KP I,

Ausgang KW II	= Kalkulationswert II für den Leistungsausgang als Soll-Einsatzwert des Ausgangs aus Ist-Ausgangsmenge zum Plan-Einsatzpreis als KP II,
KP II	= KP I zuzüglich Plan-Kostendeckung für die Arbeitskosten der Beschaffung als Betriebsabteilung des Betriebsgeschäfts,
Preiskomponente des Leistungserfolges	= Kalkulationswert I abzüglich Effektivwert für den Leistungsausgang,
Mengenkomponente des Leistungserfolges	= Effektivwert des Fortschreibungsbestandes abzüglich Effektivwert des Inventurbestandes
	und
Leistungsnutzen als Reinertrag (!)	= Kalkulationswert II abzüglich Kalkulationswert I für den Leistungsausgang.

Die Leistungswirtschaft der GA Herstellung mit der Vermögens- und Vorgangswirtschaft,

der Vermögenswirtschaft für die Vorräte an

| Einkaufsmaterial | u. Halbfabrikaten |

| Vorfertigung | und Endfertigung! |

und der Vorgangswirtschaft für die

6.2 DIE LEISTUNGSWIRTSCHAFT DER HERSTELLUNG ALS BETRIEBSABTEILUNG DES BETRIEBSGESCHÄFTS

Wirtschaftsgegenstand für die Leistungswirtschaft der Geschäftsabteilung Herstellung sind zum einen die Leistungsvorräte und zum anderen die Leistungsvorgänge:

die Leistungsvorräte mit den
Vorrätebeständen,
Bestandsbewegungen,
Bestandsveränderungen und
Bestandsabweichungen

und

die Leistungsvorgänge mit dem
Leistungseinsatz
und der
Leistungsausbringung.

Diese Zweiteilung des Wirtschaftsgegenstandes ist bekanntlich der Grund für die Zweiteilung der Leistungswirtschaft in die Vermögens- und Vorgangswirtschaft.

6.21 DIE VERMÖGENSWIRTSCHAFT

In dieser geht es um die wirtschaftliche Vorratshaltung für die Vorräte an Erzeugungsmaterial und Erzeugnissen:

> an Erzeugungsmaterial im Falle des in der Geschäftsabteilung Herstellung vorrätig gehaltenen Einkaufs- oder auch Fremdmaterials, wozu z.B. das sog. Arbeitsplatzmaterial gehört,
>
> und
>
> an Erzeugnissen im Falle der sog. Halbfabrikate, die als Ausbringung der einzelnen Fertigungsstufen ganz normal zwischengelagert werden.

Die Besonderheit eines Halbfabrikates ist seine Zweiseitigkeit insofern, als es jeweils

> für die eine Fertigungsstufe Leistungsausbringung und
>
> für eine andere Fertigungsstufe Leistungseinsatz

ist. Darüber wird noch zu sprechen sein: im nachfolgenden Abschnitt über die Vorgangswirtschaft.

Wie schon gesagt wurde, bedeutet wirtschaftliche Vorratshaltung planmäßige Verfügbarkeit bei größtmöglicher Umschlags-Häufigkeit. Letztere ist bekanntlich die Wirtschaftsmaxime der Vermögenswirtschaft, die auch in diesem Falle wieder eine Vorrätewirtschaft ist.

Die Bewertung der Vorräte in der Geschäftsabteilung
Herstellung soll stets zu Plan-Preisen vorgenommen
werden:

>   die Vorräte an Erzeugungsmaterial
>   zu Plan-Einsatzpreisen als KP II gemäß
>   Preisplanung und
>
>   die Vorräte an Halbfabrikaten
>   zu Plan-Herstellpreisen als HP II gemäß
>   Preiskalkulation.

Letztere sind die Ausbringungspreise für die gute
Ausbringung = Ausbeute, die darum auch Ausbeutepreise
genannt werden.

Wie im Falle der Vermögenswirtschaft für die
Geschäftsabteilung Beschaffung, so ist auch hier
die Feststellung eines Bestandserfolges für jede
einzelne Vorratshaltung als

>   Soll-Istabweichung
>   für den jeweiligen
>   Endbestand

möglich. Hierauf soll nur aufmerksam gemacht werden,
ohne ihn näher zu definieren.

Der Herstellungsvorgang als Vorgang der Erzeugung

```
                    ┌─────────────────────────────────────────┐
                    │            ERZEUGUNG                    │
                    │                                         │
○ EINKAUFS-    ○ ERZEUGUNGS-  │ MIT DEM INPUT =  │ UND DEM OUTPUT = │    ○ ERZEUGNIS-  →  AUSBEUTE
  MATERIAL  ──  MATERIAL   →  │ LEISTUNGSEINSATZ │ LEISTUNGSAUSBRIN-│      SEN         →  AUSSCHUSS
○ HALB-                       │ AN               │ GUNG AN          │
  FABRIKATE                   └─────────────────────────────────────┘
```

6.22 DIE VORGANGSWIRTSCHAFT

Die beiden Leistungsvorgänge der Geschäftsabteilung Herstellung sind der Leistungseinsatz und die Leistungsausbringung:

    der Leistungseinsatz als Passivvorgang
    mit dem Einsatz an

        Einkaufsmaterial
        und
        Halbfabrikaten

und
die Leistungsausbringung als Aktivvorgang
mit der

        Ausbeute i.S. der guten Ausbringung
        und dem
        Ausschuß i.S. der schlechten Ausbringung.

Das gilt für jede einzelne Fertigungsstufe bzw. für jede einzelne Betriebseinheit im Fertigungsbereich der Herstellung.

Der Leistungseinsatz ist der sog. Input, die Leistungsausbringung der sog. Output. Diese gibt es in dieser Art nur in der Herstellung.

6.221 DER LEISTUNGSEINSATZ

ist der sog. Materialeinsatz. Gemeint ist damit der Einsatz an Erzeugungsmaterial. Dieses ist hier im weiteren Sinne zu verstehen, nämlich bestehend aus dem Einkaufsmaterial und den Halbfabrikaten:

> dem Einkaufsmaterial
> als dem sog. Fremdmaterial

und

> den Halbfabrikaten
> als dem sog. Eigenmaterial.

Für das Einkaufs- oder auch Fremdmaterial kann der Leistungseinsatz entweder Lager- oder Direkteinsatz sein:

> der Lagereinsatz als interner Passivvorgang
> i.S. einer passiven Interaktion

und

> der Direkteinsatz als externer Passiveinsatz
> i.S. einer passiven Transaktion.

Dagegen ist der Einsatz an Halbfabrikaten immer eine Interaktion - weil diese naturbedingt nie fremdbezogen, sondern immer nur eigenerstellt werden können.

Halb- und auch Fertigfabrikate sind Begriffe, die immer nur für den diese herstellenden Unternehmensbetrieb Gültigkeit haben. Deren Verwendung in Ordnungsgliederungen für Einkaufsmaterial ist eine betriebliche Perversität.

6.222 DIE LEISTUNGSAUSBRINGUNG

ist die sog. Produktion. Gemeint ist damit
die Ausbringung an produzierten Betriebsleistungen.
Zu unterscheiden ist die gute und die schlechte
Ausbringung:

> die gute Ausbringung i.S. der Ausbeute
> und
> die schlechte Ausbringung i.S. von Ausschuß.

Nur die Ausbeute ist als Betriebsleistung zu werten.
Nur sie bringt der leistenden Betriebseinheit einen
Leistungsertrag.

Produzierte Betriebsleistungen können sowohl Sach- als auch Dienstleistungen sein. Im Falle der Sachleistungen sprechen wir von

> Produkten
> oder
> Fabrikaten.

Nach dem Grad ihrer Fertigkeit unterscheiden wir

> Halbfertig-
> und
> Fertigfabrikate.

Halbfertigfabrikate nennen wir kurz Halbfabrikate.
Fertigfabrikate sind verkaufsfertige Erzeugnisse.

Die Bewertung der Leistungsausbringung erfolgt
zu Plan-Herstellpreisen gemäß Preiskalkulation.
Zu unterscheiden sind die Herstellpreise I und II:

> die Herstellpreise I,
> kurz HP I,
> als Ausbringungspreise,
> und
> die Herstellpreise II,
> kurz HP II,
> als Ausbeutepreise.

Letztere enthalten auch die kalkulatorische Deckung
für den Normalanfall an Ausschuß.

Nur die Ausbeute wird zum HP II oder Ausbeutepreis
bewertet, der Ausschuß dagegen immer nur zum HP I
oder Ausbringungspreis.

Betriebsleistung ist immer nur die Ausbeute.
Deren Leistungswert ist der Leistungsertrag.

6.223 DER LEISTUNGSERFOLG

Im Falle der Herstellung - und in dieser Form auch nur hier - ist der Leistungserfolg ein zweiseitiger Betriebserfolg:

> einerseits für den Leistungseinsatz
> als Einsatzerfolg

und

> andererseits für die Leistungsausbringung
> als Ausbringungserfolg.

Beide werden ganz unterschiedlich definiert und kalkuliert, was darum auch zu einer ganz unterschiedlichen Aussage führt.

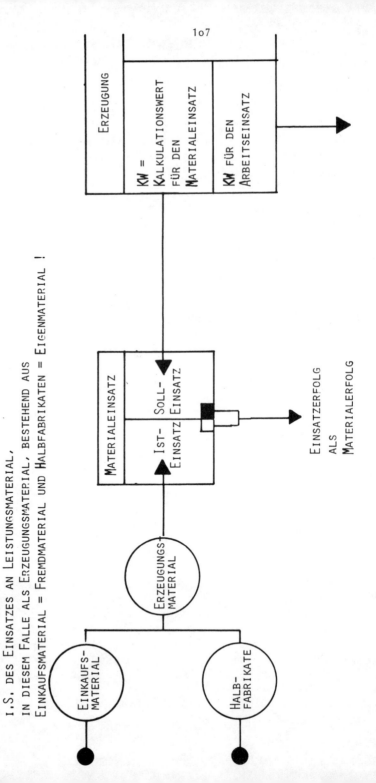

6.2231 DER EINSATZERFOLG

ist der Leistungserfolg für den Leistungseinsatz. Er ist damit der eine der beiden möglichen Teilerfolge für die Leistungswirtschaft jeder einzelnen Betriebseinheit der Geschäftsabteilung Herstellung. Der andere ist der Ausbringungserfolg.

Mit dem Einsatzerfolg wird zum Ausdruck gebracht, ob und in welchem Maße der tatsächliche Leistungseinsatz dem entspricht, was dafür kalkulatorisch vorgesehen und so auch im kalkulierten Herstellpreis berücksichtigt ist.

Betriebsrechnerisch ist der Einsatzerfolg wie folgt definiert:

Kalkulationswert für den Leistungseinsatz
- Leistungskosten für diesen
= Einsatzerfolg.

Hierbei ist der Kalkulationswert der für den Leistungseinsatz kalkulierte Teilwert des Herstellwertes, über den in anderem Zusammenhang mehr zu sagen sein wird.

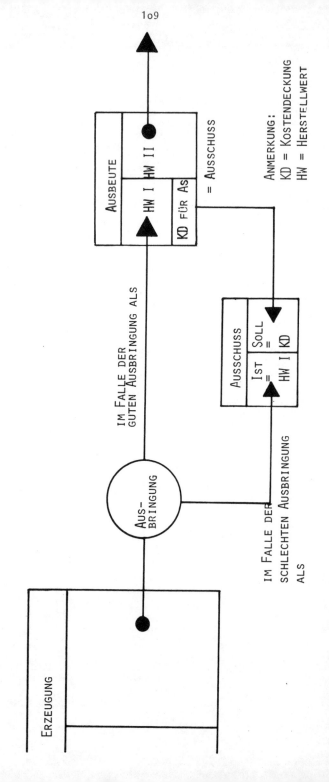

6.2232 DER AUSBRINGUNGSERFOLG

ist der Leistungserfolg für die Leistungsausbringung. Er ist damit der andere der beiden möglichen Teilerfolge für die Leistungswirtschaft jeder einzelnen Betriebseinheit der Geschäftsabteilung Herstellung.

Mit dem Ausbringungserfolg wird zum Ausdruck gebracht, ob und in welchem Maße die tatsächliche Leistungsausbringung dem entspricht, was dafür kalkulatorisch vorgesehen und so auch im kalkulierten Herstellpreis brücksichtigt ist. Gemeint ist damit das Verhältnis von

> Ausbeute
> zu
> Ausschuß.

Das macht den Ausbringungserfolg zum Ausschußerfolg mit der Aussage darüber, ob und in welchem Maße der tatsächlich angefallene Ausschuß im Rahmen dessen liegt, was dafür kalkuliert worden ist.

Betriebsrechnerisch ist der Ausbringungserfolg wie folgt definiert:

> Kalkulationswert für den Ausschuß
> − Ausschußkosten
> = Ausbringungs- oder auch Ausschußerfolg.

Die Ausschußkosten sind hierbei der zum Herstellpreis II bewertete Ausschuß.

Der Leistungsnutzen der Herstellung
ist der Mehrwert (!)
des Leistungsertrages gegenüber den Leistungskosten,
des Leistungsertrages als Ausbringungswert
und
der Leistungskosten als Einsatzwert
für den Leistungsvorgang,
der in diesem Falle ein Erzeugungsvorgang ist!

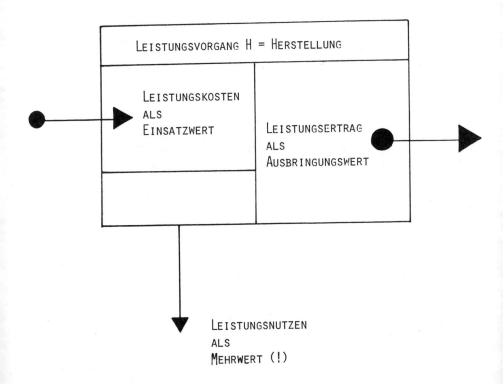

6.224 DER LEISTUNGSNUTZEN

Der Wert der ausgebrachten Betriebsleistung ist der Leistungsertrag. Der Wert der dafür einzusetzenden Vorleistung sind die Leistungskosten. Das planmäßige Mehr an Leistungsertrag gegenüber den Leistungskosten ist der Leistungsnutzen als Mehrwert gemäß folgender Definition:

> Leistungsertrag als Ausbringungswert
> - Leistungskosten als Einsatzwert
> = Leistungsnutzen als Mehrwert.

Der Leistungsertrag ist bekanntlich der Rohertrag, der Leistungsnutzen dagegen der Reinertrag einer Betriebsleistung.

Der so definierte Leistungsnutzen ist Ausdruck für die Leistungs-Ergiebigkeit jeder einzelnen Betriebs- oder Geschäftsleistung der Geschäftsabteilung Herstellung - und innerhalb dieser jeder einzelnen Betriebseinheit. Bekanntlich ist die Leistungs-Ergiebigkeit die Wirtschaftsmaxime für die Leistungswirtschaft des Betriebsgeschäfts, oder genauer gesagt, für die Vorgangswirtschaft innerhalb dieser.

DIE

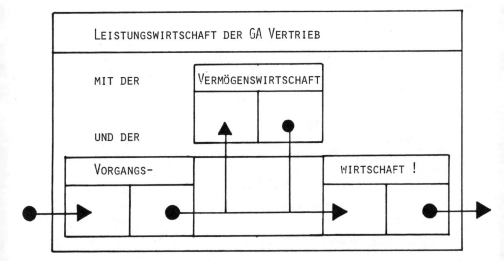

6.3 DIE LEISTUNGSWIRTSCHAFT DES VERTRIEBS ALS BETRIEBSABTEILUNG DES BETRIEBSGESCHÄFTS

Wirtschaftsgegenstand für die Leistungswirtschaft der Geschäftsabteilung Vertrieb sind zum einen die Leistungsvorräte und zum anderen die Leistungsvorgänge:

    die Leistungsvorräte mit den
        Vorrätebeständen,
        Bestandsbewegungen,
        Bestandsveränderungen und
        Bestandsabweichungen

und

    die Leistungsvorgänge mit dem
        Leistungseingang
    und der
        Leistungsauslieferung.

Diese Zweiteilung des Wirtschaftsgegenstandes ist bekanntlich der Grund für die Zweiteilung der Leistungswirtschaft in die Vermögens- und Vorgangswirtschaft.

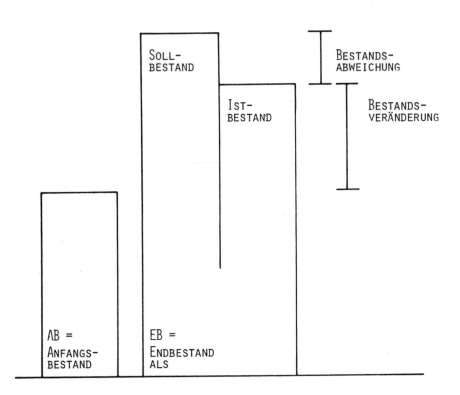

6.31 DIE VERMÖGENSWIRTSCHAFT

In dieser geht es um die Vorratshaltung für die Vorräte an Verkaufsware, bestehend aus

>den von der Geschäftsabteilung Herstellung produzierten Verkaufserzeugnissen einerseits und
>der von der Geschäftsabteilung Beschaffung eingekauften Handelsware andererseits.

Die Vorratshaltung für die Verkaufserzeugnisse ist grundsätzlich Sache des Vertriebs, wogegen die für die Handelsware auch in der Beschaffung erfolgen kann. Letztere ist immer eine Frage der betrieblichen Zweckmäßigkeit.

Wie schon gesagt, bedeutet wirtschaftliche Vorratshaltung planmäßige Verfügbarkeit bei größtmöglicher Umschlags-Häufigkeit. Letztere ist bekanntlich die Wirtschaftsmaxime der Vermögenswirtschaft, die auch in diesem Falle wieder eine Vorrätewirtschaft ist.

Die Bewertung der Vorräte ist unterschiedlich
vorzunehmen:

> die Vorräte an Verkaufserzeugnissen
> sollten immer zu Plan-Herstellpreisen
> als HP II gemäß Preiskalkulation,
> wogegen
> die Vorräte an Handelsware
> entsprechend dem Einkaufsmaterial
> immer zu Effektivpreisen

bewertet werden sollten. Für letztere Empfehlung
gilt die bereits im Abschnitt 6.121 gegebene
Begründung.

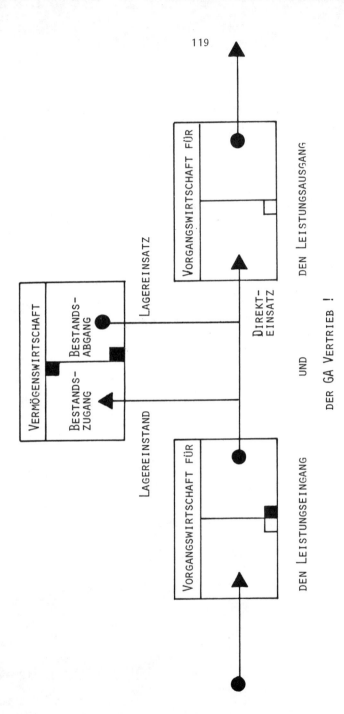

6.32 DIE VORGANGSWIRTSCHAFT

Die beiden Leistungsvorgänge der Geschäftsabteilung Vertrieb sind der Leistungseingang und der Leistungsausgang, letzterer in diesem Falle als die sog. Leistungsauslieferung:

> der Leistungseingang als der Passivvorgang
> mit dem
>
>> Leistungseinstand
>> und dem
>> Direkteinsatz
>
> als den beiden Möglichkeiten für den Leistungsverbleib
>
> und
>
> die Leistungsauslieferung als der Aktivvorgang
> mit dem
>
>> Lagereinsatz
>> und dem
>> Direkteinsatz
>
> als den beiden Möglichkeiten der Leistungsherkunft.

Wie in den beiden anderen Geschäftsabteilungen der Beschaffung und Herstellung auch ist der

> Leistungsausgang,
> hier als
> Leistungsauslieferung,

die eigentliche Betriebsleistung dieser Betriebsabteilung. Nur dessen bzw. deren Wert ist darum auch betriebswirtschaftlich

> als Leistungswert
> der Leistungsertrag

und der mit diesem verdiente Mehrwert der Leistungsnutzen. Und da es sich in diesem Falle um eine externe Betriebsleistung handelt, wird der Leistungsertrag als solcher erlöst, was diesen zum Leistungserlös macht, den wir in diesem Falle

> Umsatzerlös
> oder kurz
> nur Umsatz

nennen. Dieser ist der Leistungserlös für die betriebliche

> Zweckleistung
> i.S. der
> Geschäftsleistung

entsprechend dem Unternehmenszweck. Darüber wird nachfolgend noch mehr zu sagen sein.

6.321 DER LEISTUNGSEINGANG

In der Regel ist der Leistungseingang für die Geschäftsabteilung Vertrieb ein interner Passivvorgang i.S. einer Passivinteraktion zwischen ihr und den anderen beiden Geschäftsabteilungen der Herstellung und Beschaffung:

>der Geschäftsabteilung Herstellung
>im Falle aller
>hergestellten Vertriebsleistungen als
>>Verkaufserzeugnisse
>>und
>>Verkaufsdienste

und

>der Geschäftsabteilung Beschaffung
>im Falle aller
>beschafften Vertriebsleistungen als
>>Handelswaren
>>und
>>Handelsdienste.

Das gilt für den Lagereinstand ebenso wie für den Direkteinsatz.

Die für den Leistungseingang interessierenden Leistungswerte sind Herstellwerte im Falle aller hergestellten und Einsatzwerte im Falle aller beschafften Vertriebsleistungen:

>Herstellwerte als zu
>Herstellpreisen gemäß Preiskalkulation
>bewertete Leistungsmengen

und

> Einsatzwerte als zu
> Einsatzpreisen gemäß Preisplanung
> bewertete Leistungsmengen.

Ausnahmsweise können statt der Herstellpreise auch mal Herstellkosten und statt der Einsatzpreise auch mal Einstandspreise für die Leistungsbewertung zugrundegelegt werden:

> Herstellkosten, wie sie
> tatsächlich angefallen

> und

> Einstandspreise, wie sie
> tatsächlich ausgehandelt

worden sind. Letztere dürften immer dann zur Anwendung kommen, wenn es sich um eine

> externe Passivleistung
> i.S. einer
> Passivtransaktion

handelt, bei der der Vertrieb die Vertriebsleistung direkt beim Lieferanten als einem

> Betriebs- oder auch
> Unternehmenspartner

einkauft - was gleichermaßen für das Lager- und auch Streckengeschäft gilt.

6.322 DIE LEISTUNGSAUSLIEFERUNG

Die Leistungsauslieferung ist für die Geschäftsabteilung Vertrieb immer ein externer Aktivvorgang i.S. einer Aktivtransaktion mit einem Betriebspartner, hier als einem externen Aktivpartner. Und die ist als solche der

>   wichtigste
>   Betriebsvorgang
>   überhaupt.

Sie ist quasi die Krönung des gesamten Betriebsgeschehens , bestehend aus dem gesamten

>   Arbeits- und
>   Leistungsgeschehen

eines Unternehmensbetriebes. Sie ist der eigentliche Zweckvorgang, um den sich betrieblich alles dreht:

>   als aktiver Geschäftsvorgang
>   mit einem Kunden
>   als einem aktiven Geschäftspartner.

Und den, aber auch nur den, nennen wir

>   den Umsatzvorgang
>   des Unternehmensbetriebes,
>   und hier
>   des Betriebsgeschäfts

als des dafür zuständigen Betriebsbereiches. Hierbei ist Umsatz - begrifflich und tatsächlich - das Umsetzen eines

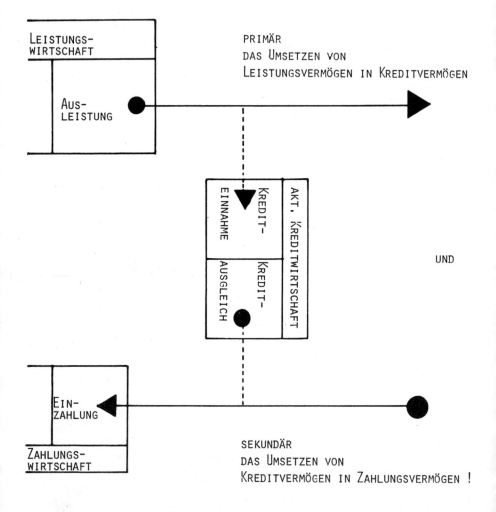

> betrieblichen Leistungsvermögens
> als nur einer Form des Betriebsvermögens
>
> in ein
>
> betriebliches Zahlungsvermögen
> als einer anderen Form des Betriebsvermögens.

Das Leistungsvermögen ist das Gütervermögen, das Zahlungsvermögen dagegen das Geldvermögen eines Unternehmensbetriebes. Somit bedeutet dieser Umsatzvorgang nichts anderes als ein Umsetzen

> eines Gutes
> bestimmter Art
>
> in
>
> ein Geld
> bestimmter Art,

wobei das Gut eine Ware oder ein Dienst und das Geld ein Zahlungsmittel aller Art sein kann. Darüber werden wir später noch genauer zu sprechen haben.

Dieser wirtschaftliche - und in diesem Falle betriebswirtschaftliche - Umsatzvorgang vollzieht sich

> grundsätzlich
> immer (!)

in zwei Stufen. In der ersten wird das

> Leistungsvermögen in Kreditvermögen
> und in der zweiten das
> Kreditvermögen in Zahlungsvermögen

umgesetzt. Hierbei besteht das Kreditvermögen in der Forderung, die

mit der Auslieferung
bzw. der Ausleistung des Leistungsgutes
entsteht,
weil sie dadurch begründet wird,

und

mit der Einzahlung des Zahlungsgeldes
erlischt,
weil sie dadurch ausgeglichen wird.

Das gilt für das sog. Zielgeschäft ebenso wie für
das sog. Bargeschäft:

das Zielgeschäft
als Leistungsgeschäft mit Zielausgleich

und

das Bargeschäft
als Leistungsgeschäft mit Barausgleich.

Die Besonderheit des Bargeschäftes ist lediglich die,
daß die mit der Ausleistung entstehende Forderung
sofort wieder ausgeglichen wird, weil in diesem
Falle

Ausleistung
und
Einzahlung

simultan geschehen.

Die allgemein übliche Verwendung der Begriffe Umsatz
und Absatz für den Leistungserlös und die Leistungsmenge des Vertriebs ist betriebswirtschaftlich nicht
richtig. Auch logisch ist es gar nicht verständlich,

> die Leistungsmenge als Absatz
> und
> den Leistungserlös als Umsatz

zu betrachten und zu bezeichnen - was besonders versierte Geschäftsleute (!) zum Anlaß nehmen, sogar vom

> Umsatz
> des
> Absatzes

zu sprechen. Hierbei dürfte es sich wahrlich um eine Stilblüte im betriebswirtschaftlichen Sprachgebrauch handeln.

Umsatz ist beides, ist Menge wie auch Wert:

> die Menge als Umsatzmenge
> und
> der Wert als Umsatzertrag oder Umsatzerlös.

Absatz ist dagegen immer nur der Verkauf oder auch der Verkaufsauftrag - mit der

> Auftragsmenge als Absatzmenge
> und dem
> Auftragswert als Absatzwert.

Letzterer ist der Absatzertrag, wie der Umsatzwert der Umsatzertrag ist. Einen Absatzerlös gibt es dagegen nicht, denn

> Absatz
> ist noch nicht
> Umsatz,

und nur Umsatz bringt Erlös ! Warum ? Weil erst mit der

> Auslieferung bzw. Ausleistung
> der verkauften, sprich abgesetzen
> Vertriebsleistung

der vereinbarte Verkaufspreis als Verkaufsertrag erlöst wird, was dann - und auch erst dann -

> zur Einnahme
> einer Forderung
> auf Gegenleistung

führt, die irgendwann durch eine gleichwertige Zahlung zu erbringen ist.

Für den sog. Umsatz sind drei Leistungs- oder auch Umsatzwerte grundsätzlich zu unterscheiden:

> der Einsatzwert,
> der Listenwert und
> der Rechnungswert.

Für den Listen- und Rechnungswert kommt es auf die unterschiedliche Preisstellung an, ob nämlich diese z.B.

> ab Werk
> oder
> frei Kunde

vereinbart ist. Dagegen ist der Einsatzwert immer ab Werk zu sehen und zu rechnen.

6.3221 DER EINSATZWERT DES UMSATZES

ist die zu Einsatzpreisen bewertete Vertriebsleistung gemäß folgender Definition:

Umsatzmenge
x Einsatzpreis
= Einsatzwert des Umsatzes oder Umsatz EW.

Der Einsatzpreis kann ganz unterschiedlich definiert sein:

im Falle aller Werk- und Arbeitsleistungen ist er der Herstellpreis gemäß Preiskalkulation,
wogegen er
im Falle aller Handelsdienste und Handelsleistungen entweder der Effektiv- oder der Einsatzpreis sein kann, letzterer gemäß Preisplanung.

Anmerkung:
EW = Einsatzwert

6.3222 DER LISTENWERT DES UMSATZES

ist die zu Listenpreisen bewertete Vertriebsleistung gemäß folgender Definition:

Umsatzmenge
x Listenpreis
= Listenwert des Umsatzes oder Umsatz LW.

Dieser ist der eigentliche Leistungsertrag
der Geschäftsabteilung Vertrieb i.S. des eigent-
lichen Leistungswertes für die Vertriebsleistung.
Er ist der einzige und wirkliche 1oo%-Wert für den
erzielten Umsatz.

Anmerkung:
LW = Listenwert

6.3223 DER RECHNUNGSWERT DES UMSATZES

ist der sog. Umsatzerlös. Dieser ist nicht so einfach zu errechnen, wie dies im Falle des Einsatz- und Listenwertes möglich war.

Grundsätzlich zu unterscheiden ist der Umsatzerlös lt. Rechnungsschreibung und lt. Buchführung.
Der Unterschied wird durch die gebuchten und damit nicht schon mit der Rechnung berechneten

> Erlösminderungen
> oder auch
> Erlösschmälerungen

erklärt. Dazu gehören alle gebuchten Nachlässe und Boni, erstere aus den verschiedensten Gründen.

Der Umsatzerlös lt. Rechnungsschreibung kann sein der reine Leistungsumsatz und der Gesamtumsatz.
Für ersteren gilt folgende Definition:

> Umsatzmenge
> x Rechnungspreis
> = Rechnungswert.

Da die berechneten Leistungspreise entweder Brutto- oder Nettopreise sein können, haben wir zwischen dem Brutto- und Netto-Rechnungswert zu unterscheiden. Der Unterschied liegt in den berechneten Leistungsrabatten begründet.

Der Unterschied zwischen dem reinen Leistungsumsatz und dem Gesamtumsatz besteht in den zusätzlich in der Rechnung ausgewiesenen und damit berechneten Erlösmehrungen und Erlösminderungen aller Art.
So betrachtet ist der Gesamtumsatz die Summe der

Netto-Endbeträge aller Ausgangsrechnungen, also
vor Mehrwertsteuer.

6.3224 DER LEISTUNGSNUTZEN

ist bekanntlich der mit einer Geschäftsleistung verdiente Reinertrag gemäß folgender Definition:

    Leistungsertrag als Leistungswert
    oder Rohertrag
    - Leistungskosten als Einsatzwert
      oder Ertragseinsatz
    = Leistungsnutzen als Leistungsmehrwert
      oder Reinertrag.

Für die Geschäftsabteilung Vertrieb läßt sich diese Definition wie folgt spezialisieren:

    Umsatz Listenwert
    - Umsatz Einsatzwert
    = Umsatz Mehrwert.

Letzterer ist der kalkulierte Reinertrag des Umsatzes als Normalertrag des Vertriebs.

6.3225 DER PREISERFOLG

als Komponente des Leistungserfolges der
Geschäftsabteilung Vertrieb ist der Unterschied zwischen dem Listen- und Rechnungswert
des Umsatzes gemäß folgender Definition:

> Rechnungswert des Umsatzes
> - Listenwert des Umsatzes
> = Preiserfolg des Umsatzes.

Dieser ist eine wichtige Information für alle
Unternehmensbetriebe, die ihre Geschäftsleistungen
listenmäßig - also mit Preislisten - anbieten.
Diese können erfahrungsgemäß in manchen Unter-
nehmensbetrieben ein Mehrfaches der sog.
Umsatz-Rendite ausmachen.

6.3226 DER MENGENERFOLG

ist die andere Komponente des Leistungserfolges
für die Geschäftsabteilung Vertrieb. Dieser
ist wie folgt definiert:

>   Einsatzwert lt. Vorgangsrechnung
>   als sog. Umsatz Einsatzwert
>   - Einsatzwert lt. Bestandsrechnung
>   für die Vorräte im Vertrieb gemäß
>   körperlicher Bestandsaufnahme = Inventur
>   = Einsatzerfolg.

Und der ist, wie schon gesagt, der Mengenerfolg
des Vertriebs. Hierzu ist zu sagen, daß dieser
mit dem

>   Bestandserfolg
>   der
>   Vermögensrechnung

identisch ist, der sich aus der Bestandsabweichung
als

>   Zuviel- oder
>   Zuwenigbestand

ergibt und in der Regel mengenbedingt ist, warum
dieser Bestandserfolg immer ein Mengenerfolg ist -
genau wie der hier angesprochene Mengenerfolg, mit
dem er, wie schon gesagt, identisch ist. Beide
sind nur unterschiedlich definiert und werden
auch ganz unterschiedlich kalkuliert. Aber das
betrifft nur ihre Form. Dagegen ist ihre

>   Aussage
>   als ihr
>   Inhalt

in beiden Fällen gleich !

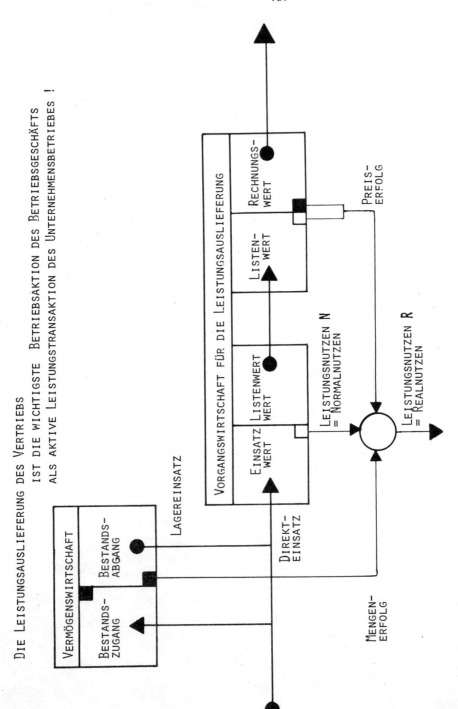

6.3227 DER REINERTRAG ALS REALERTRAG

ist der um den Leistungserfolg berichtigte
Leistungsnutzen gemäß folgender Definition:

    Umsatz Listenwert
    - Umsatz Einsatzwert
    = Umsatz Mehrwert normal
    $\pm$ Leistungserfolg mit dem
                    Preis- und
                    Mengenerfolg
    = Umsatz Mehrwert real.

Letzterer ist der tatsächlich verdiente Reinertrag der Geschäftsabteilung Vertrieb i.S.
des realen Leistungsnutzens. Und der ist eine der
wichtigsten Informationen überhaupt, die es
für einen Unternehmensbetrieb gibt. Umso bemerkenswerter ist es, daß es erfahrungsgemäß kaum einen
Unternehmensbetrieb gibt, der über diese Information
verfügt.

7. DIE LEISTUNGSWIRTSCHAFT FÜR DEN ANDERBETRIEB

Wenn man so will, besteht ein Unternehmensbetrieb aus zwei großen Betriebsbereichen, nämlich aus

dem Betriebsgeschäft als dem betrieblichen Profitbereich

und

dem Anderbetrieb als dem betrieblichen Nonprofitbereich.

Letzterer besteht aus der Betriebszentrale und dem Betriebshaushalt. Deren Leistungswirtschaften sollen nachfolgend besprochen werden.

Die Betriebswirtschaften der Betriebszentrale
sind die
Leistungs- und Arbeitswirtschaft für die Zentralverwaltung
und die
Kredit- und Zahlungswirtschaft für die Zentralfinanzierung !

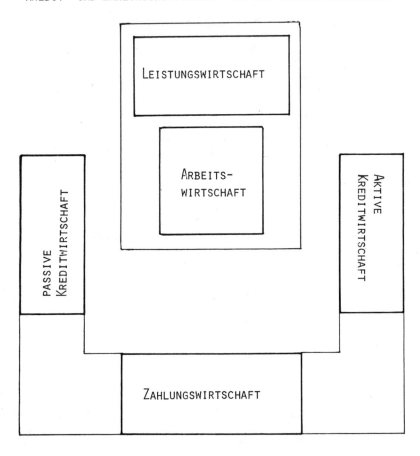

7.1 DIE LEISTUNGSWIRTSCHAFT FÜR DIE BETRIEBSZENTRALE

Die beiden Betriebsbereiche der Betriebszentrale
sind bekanntlich die Zentralverwaltung und die
Zentralfinanzierung:

>die Zentralverwaltung mit der
>Leistungs- und Arbeitswirtschaft
>ihrer einzelnen Betriebseinheiten
>und
>die Zentralfinanzierung mit der
>Zahlungs- und Kreditwirtschaft
>für den Unternehmensbetrieb insgesamt.

So betrachtet ist also die Leistungswirtschaft
der Betriebszentrale immer nur die Leistungswirtschaft
der Zentralverwaltung i.S. der zentralen Betriebsverwaltung.

Bekanntlich hat jede Betriebseinheit eine ganz
bestimmte Betriebsleistung zu erbringen. Das gilt
auch für die Betriebseinheiten der zentralen Betriebsverwaltung. Allerdings werden deren Betriebsleistungen
in der Regel nicht erfaßt. Meistens sind sie noch
nicht einmal betriebstechnisch definiert. Der Grund
ist, daß sich dafür in der Regel keine Betriebsführung interessiert. Und darum wird sie betriebsrechnerisch auch nicht besonders kalkuliert. Das hat
in der betrieblichen Praxis zu der irrigen Annahme
geführt, daß für die zentrale Betriebsverwaltung
immer nur Betriebsarbeit und keine Betriebsleistung
und somit nur Arbeitskosten und kein Leistungsertrag
existiert.

Die betriebswirtschaftliche Besonderheit der
Betriebsleistung der zentralen Betriebsverwaltung
ist jedoch die, daß diese zwar einen Leistungsertrag,
aber keinen Leistungsnutzen erbringt:

 einen Leistungsertrag als Rohertrag
 i.S. des Leistungswertes,

 aber keinen Leistungsnutzen als Reinertrag
 i.S. des Leistungsmehrwertes.

Aber diese Besonderheit ist keine Neuigkeit. Sie
ist die uns allen bekannte Wirklichkeit. Und die
gilt für jede Verwaltung. Das macht die zentrale
Betriebsverwaltung zum Nonprofitbereich des Unternehmensbetriebes - im Gegensatz zum Betriebsgeschäft,
das dessen Profitbereich ist.

Da aber, wie schon gesagt, die Betriebsleistung der
zentralen Betriebsverwaltung - zumindest in der
Regel - nicht erfaßt wird, ist es darum auch nicht
möglich, einen Leistungsertrag zu errechnen. Der wäre
die leistungsbedingt ermittelte Kostendeckung für
die Arbeitskosten, die durch die Betriebsarbeit
der einzelnen Arbeitseinheiten der zentralen
Betriebsverwaltung verursacht werden. Das ist aber
auch nicht weiter problematisch, weil es allgemein
üblich ist,

 die Arbeitskosten der Zentralverwaltung
 durch eine von der Geschäftsabteilung Vertrieb
 aufzubringende Kostendeckung

tragen und damit decken zu lassen. Hierbei handelt
es sich sinnvollerweise um einen bestimmten Plan-
Betrag, der von der Betriebsführung zu bestimmen

ist. Daß dieser jedoch nicht immer ausreicht,
die angefallenen Arbeitskosten voll zu decken, ist
ganz natürlich. Und daß darüber eine Betriebsführung
genau informiert sein möchte, ist durchaus verständlich. Bekanntlich wird diese Information
durch den Arbeitserfolg zum Ausdruck gebracht:
Darüber wurde bereits gesprochen.

Bekanntlich besteht jede Leistungswirtschaft aus der
Vermögens- und Vorgangswirtschaft. Warum es zur
Vorgangswirtschaft der Zentralverwaltung hier nichts
zu sagen gibt, ist vorstehend erklärt worden. Was
es dagegen zur Vermögenswirtschaft zu sagen gibt, soll
nur kurz angedeutet werden. Diese ist in der
der Regel nur für größere Betriebe relevant, wenn
nämlich die Zentralverwaltung eine eigene Vorratshaltung für Büromaterial hat.

AUCH (!) FÜR DIE
BETRIEBSHAUSHALTE
BESTEHT DIE
LEISTUNGSWIRTSCHAFT AUS DER VERMÖGENS- UND VORGANGSWIRTSCHAFT !

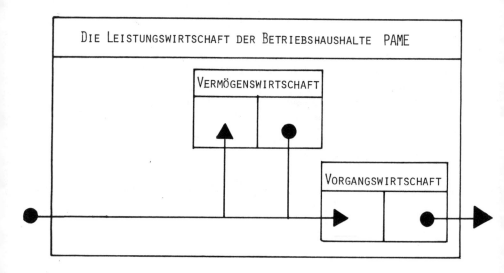

ANMERKUNG: PAME = P FÜR PERSONAL
               A FÜR ANLAGEN
               M FÜR MATERIAL UND
               E FÜR ENERGIE

7.2 DIE LEISTUNGSWIRTSCHAFT FÜR DEN BETRIEBSHAUSHALT

Die Betriebsfunktion des Betriebshaushalts ist bekanntlich die Versorgung aller Betriebseinheiten eines Unternehmensbetriebes mit dem von diesen benötigten Betriebspersonal und Betriebspotential:

dem Betriebspersonal der Betriebsführung,
Betriebsleitung und
Betriebsmannschaft
und
dem Betriebspotential der Betriebsanlagen,
des Betriebsmaterials und
der Betriebsenergie.

Daraus resultiert bekanntlich die Vierteilung des Betriebshaushalts in den

Personal-,
Anlagen-,
Material- und
Energiehaushalt.

Das gilt grundsätzlich für jeden Unternehmensbetrieb, mag auch dessen Betriebsorganisation in der Regel dieser Tatsache nicht gerecht werden.

Wie jede Betriebseinheit, so hat auch jeder Betriebshaushalt als selbständige Betriebseinheit seine eigene Betriebswirtschaft, bestehend aus der Leistungs- und Arbeitswirtschaft. Hier interessiert nur die Leistungswirtschaft, und diese mit der

Vermögens- und
Vorgangswirtschaft.

Diese sollen nachfolgend für alle vier Betriebshaushalte gemeinsam besprochen werden.

7.21 DIE VERMÖGENSWIRTSCHAFT

Das vom Betriebshaushalt bzw. den einzelnen Betriebshaushalten zu bewirtschaftende Betriebsvermögen umfaßt das Betriebspersonal, die Betriebsanlagen und das Betriebsmaterial:

> das Betriebspersonal mit dem sog. Personalstamm,
>
> die Betriebsanlagen mit dem sog. Anlagenpark
>
> und
>
> das Betriebsmaterial mit den sog. Materialvorräten.

Eine Ausnahme macht nur die Betriebsenergie, weil es für die betriebswirtschaftlich keine Vorratshaltung gibt.

Das wichtigste Betriebsvermögen ist bekanntlich das Betriebspersonal. Es ist das lebende im Gegensatz zum toten, bestehend aus dem Betriebspotential. Zu letzterem gehören die

> Betriebsanlagen
> und das
> Betriebsmaterial.

Zusammen mit dem Betriebspersonal bilden diese das Betriebsvermögen des Betriebshaushalts.

Der Wirtschaftsgegenstand der Vermögenswirtschaft für den Betriebshaushalt ist die wirtschaftliche Vermögenshaltung. Die dafür geltenden Wirtschaftsmaximen sind naturbedingt ganz verschieden, nämlich

die Behandlungs-Zufriedenheit
im Falle des Betriebspersonals,

die Funktions-Tauglichkeit
im Falle der Betriebsanlagen

und

die Umschlags-Häufigkeit
im Falle des Betriebsmaterials.

Aber das sind mehr oder weniger Selbstverständlichkeiten.

Betriebswirtschaftlich wichtig ist es, die
einzelnen Vermögensarten als

Personal-,
Anlage- und
Materialarten

zu definieren und sinnvoll in Ordnungsgliederungen
zu gruppieren.

7.22 DIE VORGANGSWIRTSCHAFT

Der von allen Betriebshaushalten gleichermaßen zu erbringende Leistungsvorgang ist die Betriebsversorgung. Diese besteht bekanntlich in der Versorgung aller Betriebseinheiten eines Unternehmensbetriebes mit dem notwendigen Betriebspersonal und Betriebspotential.

Betriebsversorgung ist der betriebswirtschaftlich relevante Gesamtvorgang eines jeden Betriebshaushalts, der aus mehreren , von Haushalt zu Haushalt auch unterschiedlichen Teilvorgängen besteht.
Hierzu gehören z.B.

    die Beschaffung, Ausbildung und Entlassung von Betriebspersonal durch den Personal-Haushalt,

    die Beschaffung, Erzeugung und der Verkauf von Betriebsanlagen durch den Anlagen-Haushalt,

    die Beschaffung, Vorratshaltung und der Verkauf von Betriebsmaterial durch den Material-Haushalt und

    die Beschaffung, Erzeugung und der Verkauf von Betriebsenergie durch den Energie-Haushalt.

Dies sind nur einige Beispiele, die aber ganz besonders typisch sind. Das gilt auch für den Verkauf von Betriebsmaterial und Betriebsenergie, der zwar nicht allgemein üblich, in besonderen Fällen aber doch möglich ist.

Die Wirtschaftsmaxime für die Leistungswirtschaft des Betriebshaushalts ist die Sparsamkeit. Aber die ist bekanntlich auch die Wirtschaftsmaxime jeder einzelnen Betriebseinheit für die

> Verbrauchswirtschaft
> als Teilwirtschaft
> ihrer Arbeitswirtschaft.

Diese Übereinstimmung ist nicht zufällig. In beiden Teilwirtschaften geht es letztlich um ein und dasselbe, nämlich

> um einen möglichst sparsamen Einsatz
> an Verbrauchseinheiten
> für den Unternehmensbetrieb.

Dennoch besteht zwischen beiden Maximen ein grundlegender Unterschied insofern, als es sich

> bei den einzelnen Betriebseinheiten
> um die Verbrauchs-Sparsamkeit,
>
> dagegen
>
> bei den einzelnen Betriebshaushalten
> um die Versorgungs-Sparsamkeit

handelt. Versorgung ist die Funktion des Betriebshaushalts - Verbrauch nur die Folge der Betriebsarbeit.

Betriebsverbrauch findet immer nur in der Arbeitswirtschaft der einzelnen Betriebseinheiten statt. Nur dort kann er darum auch gesteuert werden, was eine Frage der wirtschaftlichen

> Betriebsführung
> jeder einzelnen
> Betriebseinheit

ist. Die damit verbundene Verantwortung ist
eine Einzelverantwortung. Dagegen trägt der Betriebshaushalt für die ihm übertragene

> Betriebsversorgung
> aller
> Betriebseinheiten

eine Gesamtverantwortung im Hinblick auf einen
möglichst sparsamen Einsatz an

> Verbrauchseinheiten
> in allen
> Betriebseinheiten

eines Unternehmensbetriebes. Daß dabei aber jeder
einzelne Betriebshaushalt als

> Betriebseinheit
> dieses
> Betriebsbereiches

selbst eine

> Arbeitswirtschaft
> und innerhalb dieser eine
> Verbrauchswirtschaft

mit der Wirtschaftsmaxime der Verbrauchs-Sparsamkeit
hat, ist keine Besonderheit nur der Betriebswirtschaft. Das ist nicht anders in jeder Familienwirtschaft und ihrem Haushalt, wenn z.B.

> die Mutter
> alle Mitglieder
> der Familie

und damit auch sich selbst mit Nahrung versorgt.
Dabei handelt sie gegenüber der Familie versorgungssparsam, für sich selbst ist sie dagegen verbrauchssparsam. Und eben das ist der Unterschied.

7.221 DIE LEISTUNGSKOSTEN

Jeder Betriebshaushalt hat selbstverständlich seine Betriebskosten. Diese bestehen - wie für jede andere Betriebseinheit bzw. Betriebsabteilung auch - aus den Leistungs- und Arbeitskosten. Dies ist bekanntlich die logische Folge aus der Zweiteilung der Betriebswirtschaft jeder Betriebseinheit in die Leistungs- und Arbeitswirtschaft.

Betriebswirtschaftlich sind die Leistungskosten für den Betriebshaushalt mit seinen vier Haushaltsabteilungen von ganz besonderer Bedeutung. Darum verdienen sie auch besondere Beachtung.

Generell sind die Leistungskosten bekanntlich als Kosten für den betrieblichen Leistungseinsatz und damit für die betriebliche Vorleistung definiert. Vorleistung bedeutet Passivleistung. Diese kann entweder eine

>   interne i.S. einer Interaktion
>   oder eine
>   externe i.S. eine Transaktion

sein. Das alles gilt auch für den Betriebshaushalt.

Speziell sind die Leistungskosten des Betriebshaushalts für jeden Einzelhaushalt andere:

>   für den Personalhaushalt sind es
>   die Kosten für den betrieblichen Personaleinsatz,
>   bestehend aus den Personalentgelten und
>   den Arbeitgeberanteilen zur Sozialversicherung,

DIE LEISTUNGSKOSTEN
FÜR DIE
BETRIEBSHAUSHALTE
KÖNNEN INTERNE UND EXTERNE BETRIEBSKOSTEN SEIN !

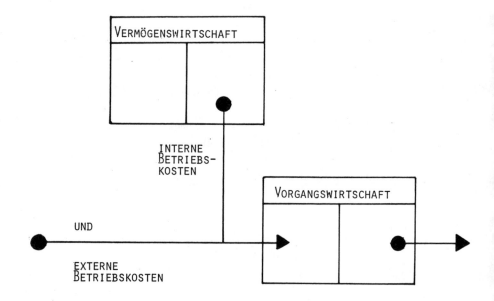

ALS PERSONAL-, ANLAGEN-, MATERIAL- UND ENERGIEKOSTEN.

für den Anlagenhaushalt sind es
die Kosten für den betrieblichen Anlageneinsatz,
bestehend aus den Abschreibungen für alle Eigenanlagen und
den Mieten, Pachten und Leasinggebühren für alle Fremdanlagen,

für den Materialhaushalt sind es
die Kosten für den betrieblichen Materialeinsatz,
wobei hier jedoch nur das in der Arbeitswirtschaft zum Einsatz kommenden Betriebsmaterial
gemeint ist, das darum auch Arbeitsmaterial
im Gegensatz zum Leistungsmaterial darstellt,
und

für den Energiehaushalt sind es
die Kosten für den betrieblichen Energieeinsatz.

Bei diesen so definierten

Personal-,
Anlagen-,
Material- und
Energiekosten

handelt es sich um direkte Betriebskosten aus der Betriebsversorgung der einzelnen Betriebseinheiten mit

Betriebspersonal,
Betriebsanlagen,
Betriebsmaterial und
Betriebsenergie.

Für diese ist nach einzelnen Personal-, Anlagen-, Material- und Energiearten zu unterscheiden.

DIE KOSTENDECKUNGEN
FÜR DIE
BETRIEBSKOSTEN DER BETRIEBSHAUSHALTE
ALS LEISTUNGS- UND ARBEITSKOSTEN
WERDEN DURCH DIE

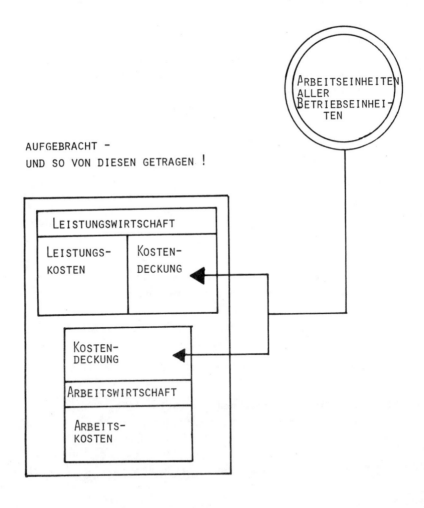

AUFGEBRACHT –
UND SO VON DIESEN GETRAGEN !

7.222 DIE KOSTENDECKUNG

Das Problem aller Kosten ist die Kostendeckung.
Das gilt insbesondere für die Kosten der Betriebsversorgung, bestehend aus den

> Leistungs- und
> Arbeitskosten

der einzelnen Betriebshaushalte.

Im Gegensatz zu den Betriebskosten für die Betriebseinheiten der anderen beiden großen Betriebsbereiche

> des Betriebsgeschäfts
> und
> der Betriebszentrale

werden die Betriebskosten für den Betriebshaushalt nicht aus dem mit den

> erbrachten Geschäftsleistungen
> verdienten Leistungsnutzen

gedeckt. Für sie gilt somit nicht die Regel, wonach

> der Leistungspreis bzw. -ertrag als Rohertrag
> die Deckung für
> die Leistungskosten und den Leistungsnutzen
> und
> der Leistungsnutzen als Reinertrag
> die Deckung für
> die Arbeitskosten und den Kapitalnutzen

ist. Damit wird deutlich, daß die Kostendeckung für den Betriebshaushalt eine betriebswirtschaftliche Besonderheit darstellt. Diese besteht darin, daß diese kein Leistungsertrag sondern ein Aufbringungs-

ertrag ist. Hierbei ist der Leistungsertrag
ein direkter, der Aufbringungsertrag dagegen
nur ein indirekter Betriebsertrag.

Im Falle des Betriebshaushalts ist der Aufbringungsertrag der Betrag, der von allen Betriebseinheiten
eines Unternehmensbetriebes gemeinschaftlich zur
Deckung seiner Betriebskosten als

> Leistungs- und
> Arbeitskosten

aufgebracht wird. Hierbei richtet sich der
von jeder Betriebseinheit aufzubringende

> Deckungsanteil
> oder auch
> Deckungsbeitrag

danach, in welchem Maße sie von diesem mit

> Verbrauchseinheiten
> für ihre
> Arbeitseinheiten

versorgt wird. Diese Frage ist bereits mit der
Kostenplanung für die Einsatzkosten der in jeder

> Betriebseinheit
> zum Einsatz kommenden
> Arbeitseinheiten

genau beantwortet worden. Diese sind bekanntlich
als

> Plan-Einsatzkosten
> für die
> Ist-Beschäftigung

jeder einzelnen Arbeitseinheit definiert. Und diese

werden mit den so flexibel errechneten Beträgen
- einerseits als Einsatzkosten
- für die einzelnen Betriebseinheiten
- und
- andererseits als Aufbringungserträge
- für die einzelnen Betriebshaushalte

kalkuliert.

Die so errechneten Aufbringungserträge sind für die einzelnen Betriebshaushalte eine leistungsgerechte

- Kostendeckung
- und
- Kostenvorgabe

zugleich. Sie sind damit die beste Voraussetzung für die Durchführung eines gerade hier sehr wichtigen Soll-Istvergleichs

DER SOLL-ISTVERGELCIH
FÜR DIE
LEISTUNGSKOSTEN DER BETRIEBSHAUSHALTE
IST EINE GANZ WICHTIGE AUFGABE DER BETRIEBSFÜHRUNG,
WAS DESSEN ZAHLENBILDLICHE DARSTELLUNG
ZU EINER GANZ WICHTIGEN AUFGABE DER BETRIEBSRECHNUNG MACHT !

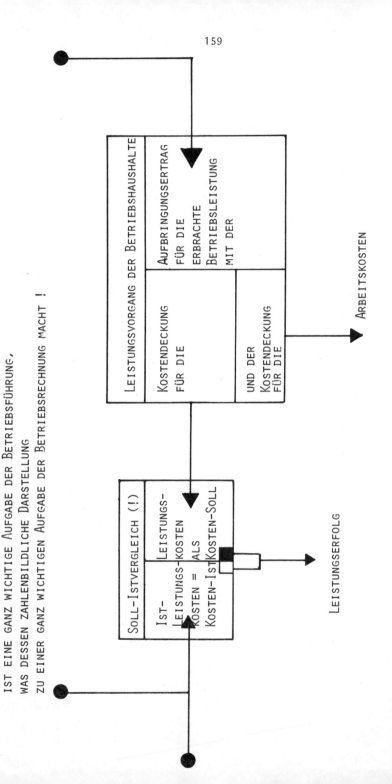

7.223 DER LEISTUNGSERFOLG

des Betriebshaushalts bzw. jeder seiner vier Haushaltsabteilungen ist die Über- oder Unterdeckung der angefallenen Leistungskosten durch die aufgebrachte Kostendeckung. Hierfür gilt folgende Definition:

> Kostendeckung
> - Leistungskosten
> = Leistungserfolg als Über- oder Unterdeckung.

Dieser ist - entsprechend der Wirtschaftsmaxime für die Leistungswirtschaft der Betriebshaushalte - Ausdruck für die Sparsamkeit eines Unternehmensbetriebes in der Versorgung

> aller Betriebseinheiten
> mit Betriebspersonal
> und Betriebspotential
> durch den Betriebshaushalt.

Über die betriebswirtschaftliche Bedeutung gerade dieses Erfolges wird in anderem Zusammenhang mehr zu sagen sein: bei der Besprechung

> der Erfolgsanalyse
> im Rahmen
> der Ergebnisanalyse.

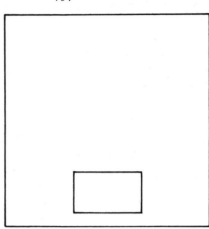

DIE BEIDEN
TEILWIRTSCHAFTEN DER
ZAHLUNGSWIRTSCHAFT SIND
- WIE BEI JEDER AKTIONSWIRTSCHAFT -
DIE VERMÖGENS- UND VORGANGSWIRTSCHAFT !

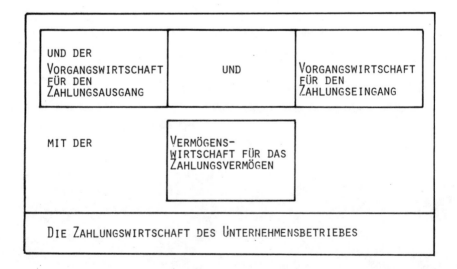

8. DIE ZAHLUNGSWIRTSCHAFT

Die Betriebszahlung ist die Gegenfunktion zur Betriebsleistung, was sie zur Gegenleistung macht. Entsprechend ist auch

>die Zahlungswirtschaft
>die Gegenwirtschaft zur Leistungswirtschaft
>innerhalb der Aktionswirtschaft

eines Unternehmensbetriebes. Sie ist die zweite der vier Primärwirtschaften der Aktionswirtschaft, die da sind

>die Leistungswirtschaft,
>die Zahlungswirtschaft und
>die beiden Kreditwirtschaften,

letztere für Forderungen und Verbindlichkeiten.

Die Wirtschaftsmaxime der Zahlungswirtschaft ist die Zahlungs-Liquidität. Gemeint ist damit die Fähigkeit eines Unternehmensbetriebes,

>seine Verbindlichkeiten
>zum Zeitpunkt
>ihrer Fälligkeit

ausgleichen zu können. In der Regel geschieht das durch Zahlung. Ausnahmsweise kann aber der Ausgleich auch durch Verrechnung mit einer Leistung zustande kommen.

Die beiden Teilwirtschaften der Zahlungswirtschaft sind - wie bekanntlich bei jeder Aktionswirtschaft - die Vermögens- und Vorgangswirtschaft:

die Vermögenswirtschaft mit dem
Vermögen an Zahlungsmitteln aller Art,
die wir schlechthin Geld nennen,

und

die Vorgangswirtschaft mit dem
internen und externen Zahlungsverkehr,
letzterer als Ein- und Auszahlungen.

Diese sind betriebswirtschaftlich auch wieder nur Sekundärwirtschaften.

8.1 DIE VERMÖGENSWIRTSCHAFT

Gegenstand der Vermögenswirtschaft innerhalb der Zahlungswirtschaft ist die wirtschaftliche Vorratshaltung an Zahlungsmitteln aller Art. Das bedeutet auch hier planmäßige Verfügbarkeit bei größtmöglicher Umschlags-Häufigkeit. Letztere ist bekanntlich die Wirtschaftsmaxime jeder Vermögenswirtschaft.

Zu den Zahlungsmitteln eines Unternehmensbetriebes gehören das Zahlungsgeld und der Zahlungskredit:

> das Zahlungsgeld als Bar- und Andergeld
> und
> der Zahlungskredit als das von einem Kreditinstitut bis zur vereinbarten Kreditlinie eingeräumte Kreditvolumen.

Das Bargeld umfaßt bekanntlich die Kassenbestände und alle Bank- und Postscheckguthaben. Zum Andergeld gehören alle Besitzschecks und Besitzwechsel. Beide, Bar- und Andergeld, bilden zusammen das Zahlungsvermögen, das wir darum auch Geldvermögen nennen können und wollen.

Für das Zahlungs- oder auch Geldvermögen interessieren, getrennt für jede Geldart, die Geldbestände, die Bestandsbewegungen, -veränderungen und -abweichungen:

> die Geldbestände mit den
> Anfangs- und Endbeständen,
>
> die Bestandsbewegungen
> mit den Bestandszu- und Bestandsabgängen,
>
> die Bestandsveränderungen mit den
> Mehr- und Minderbeständen und

Die Zahlungsmittel eines Unternehmensbetriebes bestehen aus
dem Zahlungsgeld und dem Zahlungskredit,
von denen aber nur (!) das Zahlungsgeld
Zahlungsvermögen ist !

die Bestandsabweichungen mit den Zuviel- und Zuwenigbeständen.

Im Falle des Zuwenigbestandes sprechen wir auch vom Fehlbetrag oder Manko.

Auch (!)
für die Zahlungswirtschaft
gibt es eine
Inter- und Transaktion
als interne und externe Zahlungsaktion.

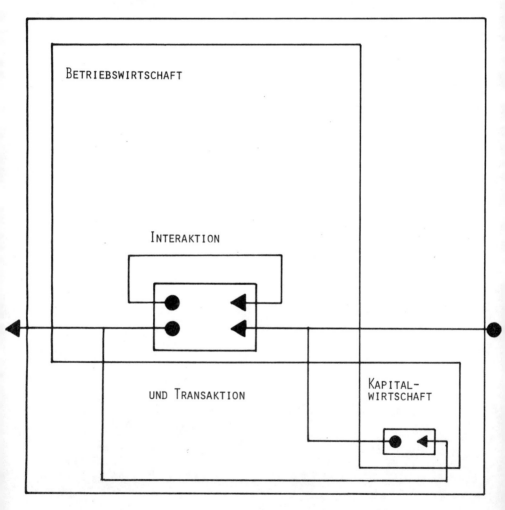

8.2 DIE VORGANGSWIRTSCHAFT

Gegenstand der Vorgangswirtschaft sind alle internen und externen Zahlungsvorgänge des Unternehmensbetriebes:

> die internen als Interaktionen,
> allgemein auch Dispositionen genannt,
>
> und
>
> die externen als Transaktionen
> mit den Betriebspartnern.

Zu den Betriebspartnern gehören neben den Unternehmenspartnern als den einzelnen

> Basis-,
> Leistungs- und
> Gemeinpartnern

auch die Unternehmenswirtschaft für das Unternehmenskapital, kurz die Kapitalwirtschaft des Unternehmens. Diese wird normalerweise nicht als Partner für den externen Zahlungsverkehr eines Unternehmensbetriebes betrachtet und behandelt. Warum ? Weil normalerweise

> der Unternehmensbetrieb
> und
> das Unternehmenskapital

nicht als zwei ganz verschiedene Einsätze eines Unternehmens und folglich auch

> die Betriebswirtschaft
> und
> die Kapitalwirtschaft

nicht als zwei ganz verschiedene Teilwirtschaften der Unternehmenswirtschaft gesehen werden. Das

UNTERNEHMENSGELD (!)
KANN SEIN
BETRIEBS- UND KAPITALGELD -
UND BEIDES ALS LEISTUNGS- UND ARBEITSGELD !

```
┌─────────────────────────────────────────────────────┐
│  ┌───────────────────────────────────────────┐      │
│  │                                           │      │
│  │      ┌─────────────────┐                  │      │
│  │      │ BETRIEBSGELD    │                  │      │
│  │      │ ALS             │                  │      │
│  │      │ LEISTUNGSGELD   │                  │      │
│  │      └─────────────────┘                  │      │
│  │                                           │      │
│  │                                           │      │
│  │   ┌─────────────────┐                     │      │
│  │   │ BETRIEBSGELD    │                     │      │
│  │   │ ALS             │                     │      │
│  │   │ ZAHLUNGSGELD    │                     │      │
│  │   └─────────────────┘                     │      │
│  └───────────────────────────────┬───────────┴──────┤
│                                  │ KAPITALGELD     │
│                                  │ ALS             │
│                                  │ LEISTUNGS- U.   │
│                                  │ ZAHLUNGSGELD    │
│                                  └─────────────────┤
└─────────────────────────────────────────────────────┘
```

ist auch der Grund, weshalb normalerweise nicht
zwischen dem

    Betriebsgeld
    und dem
    Kapitalgeld

eines Unternehmens unterschieden wird, obwohl
dieser Unterschied sehr wohl existiert. Für das
Betriebsgeld muß im Falle von Geldinstituten
außerdem auch noch zwischen dem

    Leistungsgeld
    und dem
    Zahlungsgeld

unterschieden werden. Hierbei ist das Leistungsgeld
das sog. Geschäftsgeld, mit dem ein Geldinstitut
sein Geldgeschäft betreibt.

Die Wirtschaftsmaxime der Vorgangswirtschaft als
Teilwirtschaft der Zahlungswirtschaft ist die
Zahlungs-Pünktlichkeit. Das gilt für den Zahlungs-
eingang ebenso wie für den Zahlungsausgang.

8.21 DER ZAHLUNGSEINGANG

umfaßt alle externen Aktivzahlungen i.S. der aktiven Zahlungstransaktionen eines Unternehmensbetriebes. Hierzu gehören alle eingehenden Betriebs- und Kapitalzahlungen:

die eingehenden Betriebszahlungen von Betriebspartnern als den betrieblichen
Basis-,
Leistungs- und
Gemeinpartnern
und
die eingehenden Kapitalzahlungen von dem alleinigen Kapitalpartner, nämlich der Kapitalwirtschaft des Unternehmens.

In der überwiegenden Mehrzahl der Fälle handelt es sich jedoch in der Regel um die

externen Aktivzahlungen
von den
aktiven Leistungspartnern

des Betriebsgeschäfts, die wir bekanntlich Kunden nennen.

Die wirtschaftliche Steuerung der Zahlungs-Pünktlichkeit verlangt für den gesamten Zahlungseingang, getrennt nach Zahlungspartnern, eine genaue Gegenüberstellung von Soll-und Ist-Zahlungen für jeden Zahlungstermin i.S. eines dispositiven Zahlungszeitpunktes. Die Abweichung ist auch hier ein Erfolg - als Zahlungserfolg gemäß folgender Definition:

Ist-Zahlungseingang
- Soll-Zahlungseingang
= Zahlungserfolg als Mehr- oder
                    Mindereingang.

Hierbei ist nach fälligen und überfälligen Einzahlungen im Soll und Ist zu unterscheiden. Noch nicht fällige Einzahlungen können verständlicherweise immer nur im Ist berücksichtigt werden. Das dafür bereits disponierte Soll muß dann storniert werden.

8.22 DER ZAHLUNGSAUSGANG

umfaßt alle externen Passivzahlungen i.S. der passiven Zahlungstransaktionen eines Unternehmensbetriebes. Hierzu gehören alle ausgehenden Betriebs- und Kapitalzahlungen:

>die ausgehenden Betriebszahlungen an
>Betriebspartner als betriebliche
>>Basis-,
>>Leistungs- und
>>Gemeinpartner
>
>und
>
>die ausgehenden Kapitalzahlungen an
>den alleinigen Kapitalpartner, nämlich
>die Kapitalwirtschaft des Unternehmens.

In der überwiegenden Mehrzahl der Fälle handelt es sich in der Regel auch hier um die

>externen Passivzahlungen
>an die
>passiven Leistungspartner

des Betriebsgeschäfts, die - in diesem Falle aber nicht nur die - wir bekanntlich Lieferanten nennen.

Die wirtschaftliche Steuerung der Zahlungs-Pünktlichkeit verlangt für den gesamten Zahlungsausgang, getrennt nach Zahlungspartnern, eine genaue Gegenüberstellung von Soll- und Ist-Zahlungen für jeden Zahlungstermin i.S. eines dispositiven Zahlungszeitpunktes. Die Abweichung ist auch hier ein Erfolg - als Zahlungserfolg gemäß folgender Definition:

Ist-Zahlungsausgang
- Soll-Zahlungsausgang
= Zahlungserfolg als Mehr- oder
               Minderausgang.

Hierbei ist nach fälligen und überfälligen Auszahlungen im Soll und Ist zu unterscheiden. Noch nicht fällige Auszahlungen können verständlicherweise immer nur im Ist berücksichtigt werden. Das dafür bereits disponierte Soll muß dann storniert werden.

Die Vergleichsrechnung für die Zahlungsdisposition und Zahlungssituation!

Zahlungsdisposition	TDM	TDM	Zahlungssituation
AB = Anfangsbestand	100	100	AB = Anfangsbestand
Zahlungseingang Soll:			Zahlungseingang Ist:
Fällig	600	540	Fällig
Überfällig	50	40	Überfällig
Summe	650	580	Summe
Verfügungsbestand Soll	750	680	Verfügungsbestand Ist
Verfügungsbedarf (!) für den Zahlungsausgang:			Verfügungsbetrag (!) für den Zahlungsausgang:
Fällig	700	650	Fällig
Überfällig	25	20	Überfällig
Summe	725	670	Summe
Verfügungsdeckung	+ 25 − 0	+ 10 0	Endbestand

8.23 ZAHLUNGS-DISPOSITION UND ZAHLUNGS-SITUATION

Die Steuerung der Zahlungs-Pünktlichkeit für den

Zahlungseingang
und
Zahlungsausgang

ist eine wichtige Voraussetzung für die Sicherung und den Erhalt der Zahlungs-Fähigkeit. Letztere verlangt, daß zu jedem Zahlungstermin i.S. eines dispositiven Zahlungszeitpunktes

Zahlungsmittel
für den fälligen und überfälligen
Zahlungsausgang

in ausreichendem Maße zur Verfügung stehen. Gemeint ist damit der Bestand an verfügbaren Zahlungsmitteln, den wir darum auch den Verfügungsbestand nennen. Dieser ist zum einen der

Soll-Bestand gemäß Zahlungs-Disposition
und zum anderen der
Ist-Bestand gemäß Zahlungs-Situation.

Und dafür gilt folgende Definition und entsprechend auch Kalkulation:

Anfangsbestand
+ Zahlungseingang aus fälligen und
überfälligen Einzahlungen
= Verfügungsbestand.

Diesem steht der Verfügungsbedarf gegenüber, der durch den Soll-Zahlungsausgang bestimmt wird. Die Gegenüberstellung beider ergibt - allerdings nur für den Fall

der Zahlungs-Disposition - die Verfügungsdeckung
als Über- oder Unterdeckung gemäß folgender Rechnung:

    Verfügungsbestand SOLL
    - Verfügungsbedarf für den fälligen und
                    überfälligen Zahlungsausgang
    = Verfügungsdeckung als Über- oder Unterdeckung.

Anders ist es im Falle der Zahlungs-Situation. Da tritt an die Stelle des

    Verfügungsbedarfs (!)
    der
    Verfügungsbetrag (!)

im Sinne des tatsächlich verfügten und damit stattgefundenen Zahlungsausgangs. Aus dem Unterschied zwischen dem

    Verfügungsbestand
    und dem
    Verfügungsbetrag

errechnet sich hier der Endbestand an Zahlungsmitteln, bestehend aus dem

    Zahlungsgeld aller Art
    und dem
    Zahlungskredit bei der Bank

bzw. den Banken, jeweils bezogen auf einen ganz bestimmten Zahlungszeitpunkt. Und hierfür gilt folgende Rechnung:

    Verfügungsbestand IST
    - Verfügungsbetrag für den fälligen und
                    überfälligen Zahlungsausgang
    = Endbestand an Zahlungsmitteln.

Und dazu ist abschließend zu sagen, daß nur der Vergleich des tatsächlichen

    Verfügungsbetrages
    mit dem jeweiligen
    Verfügungsbedarf

die wirkliche Zahlungs-Fähigkeit eines Unternehmensbetriebes zum Ausdruck bringt - was jedoch nur für den Fall einer ordentlichen Abwicklung des Zahlungsverkehrs gilt. Letzteres soll als selbstverständlich unterstellt werden. Und dann kann man sagen, daß die

    Zahlungs-Fähigkeit
    von der
    Zahlungs-Pünktlichkeit

im aktiven und passiven Zahlungsverkehr abhängt. Aber auch diese Feststellung ist eigentlich selbstverständlich.

DIE KREDITWIRTSCHAFT
ALS

PASSIV- WIRTSCHAFT	UND ALS	AKTIV- WIRTSCHAFT
FÜR ALLE VERBINDLICHKEITEN		FÜR ALLE FORDERUNGEN

DES UNTERNEHMENSBETRIEBES !

9. DIE KREDITWIRTSCHAFT

Kredit ist bekanntlich immer die Reaktion auf eine externe Leistung oder Zahlung i.S. einer Leistungs- oder Zahlungstransaktion. Er kommt durch eine externe Leistung zur Entstehung und findet durch die externe Zahlung seinen Ausgleich. Entsprechend haben wir zwischen der

>Kreditentstehung durch Leistung
>und dem
>Kreditausgleich durch Zahlung

zu unterscheiden. Darüber ist bereits ausführlich gesprochen worden.

Wirtschaftlich zu unterscheiden ist der Aktiv- und der Passivkredit:

>der Aktivkredit als Forderung,
>die durch eine externe Aktivleistung entsteht
>und durch eine externe Aktivzahlung ausgeglichen,
>
>und
>
>der Passivkredit als Verbindlichkeit,
>die durch eine externe Passivleistung entsteht
>und durch eine externe Passivzahlung ausgeglichen

wird. Die aktive und passive Kreditenstehung nennen wir Einnahme und Ausgabe:

>Einnahme als
>Her-einnahme einer Forderung
>im Falle der aktiven Kreditentstehung
>
>und

> Ausgabe als
> Hin-ausgabe einer Verbindlichkeit
> im Falle der passiven Kreditentstehung.

Allerdings kommen nicht alle Forderungen und Verbindlichkeiten eines Unternehmensbetriebes durch externe

> Aktiv- und
> Passivleistungen

zustande. Auch darüber ist bereits ausführlich gesprochen worden. Darum wissen wir auch schon, daß es neben den

> Leistungsforderungen
> und
> Leistungsverbindlichkeiten

für jeden Unternehmensbetrieb auch noch sog.

> Anderforderungen
> und
> Anderverbindlichkeiten

gibt, die ihre Ursache in betrieblichen Andervorgängen im Sinne anderer Betriebsvorgänge haben.

Dieses zweiseitige Kreditgeschehen zwingt zur Zweiteilung der betrieblichen Kreditwirtschaft in eine Aktiv- und eine Passivwirtschaft:

> die Aktivwirtschaft i.S. der
> aktiven Kreditwirtschaft für alle
> Kreditforderungen
> mit deren Entstehung und Ausgleich
>
> und

> die Passivwirtschaft i.S. der
> passiven Kreditwirtschaft für alle
> Kreditverbindlichkeiten
> mit deren Entstehung und Ausgleich.

Hierüber soll nachfolgend ausführlicher gesprochen werden.

Die wirtschaftliche Besonderheit eines jeden
Kredits ist die Kreditdauer zwischen

>der Kreditentstehung
>und
>dem Kreditausgleich.

Das ist die Zeitspanne, über die ein Kredit läuft
bzw. für die er inanspruchgenommen wird. Diese
zeitliche Inanspruchnahme eines Kredits ist die
Kreditdehnung, die sowohl

>mit ihren Kredittagen
>i.S. der Dehnungstage
>als auch
>mit ihrem Kreditwert
>i.S. des Dehnungswertes

gemessen werden kann. Letzterer ist wie folgt
definiert:

>Kreditbetrag in DM
>x Kreditdauer in d (Tagen)
>= Kreditwert in DM-d (DM-Tagen).

Der Kreditwert wird im Gegensatz zum Kreditbetrag
der Tatsache gerecht, daß jeder Kredit entsprechend
seiner Kreditdauer wirtschaftlich unterschiedlich
zu werten ist. So ist z.B. eine Forderung über
einen Betrag von 1.000 DM

>mit einer Kreditdauer von 30 Tagen
>etwas ganz anderes als
>mit einer Kreditdauer von 90 Tagen.

Das ist zwar allgemein bekannt, wird aber doch
betriebswirtschaftlich viel zu wenig berücksichtigt -
und darum in der Regel auch nicht gerechnet.

Die Aufgabe des betrieblichen Kredit-Managements
ist die wirtschaftliche Kreditsteuerung. Die besteht
in der Steuerung der Kreditdehnungen mit ihren

    Soll- und
    Ist-Dehnungen

für alle Kreditbestände und Kreditbewegungen des
Aktiv- und Passivkredits. Hierbei sind die Abweichungen der jeweiligen

    Ist-Dehnung
    von der entsprechenden
    Soll-Dehnung

die Kreditspannungen. Diese bezogen auf die jeweilige
Soll-Dehnung ergeben die Kredit-Elastizität. Und die
ist die Wirtschaftsmaxime für die Kreditwirtschaft.

Die Soll-Dehnung ist als Kreditdauer vom

    Starttag
    bis zum
    Zieltag

definiert. Das gilt für alle Kreditbestände ebenso
wie für alle Kreditbewegungen:

    die Kreditbestände als
    Anfangs- und Endbestände

    und

    die Kreditbewegungen als
    Kreditentstehung und Kreditausgleich.

Anders ist es dagegen im Falle der Ist-Dehnung. Diese
ist für die einzelnen Kreditbestände und Kreditbewegungen unterschiedlich definiert:

DIE KREDITDEHNUNGEN
FÜR

DIE KREDITBESTÄNDE

1.1 ALS SOLL-DEHNUNG

VOM   BIS   ZUM
STARTTAG   ZIELTAG

1.2 ALS IST-DEHNUNG

VOM   BIS   ZUM
STARTTAG   STICHTAG

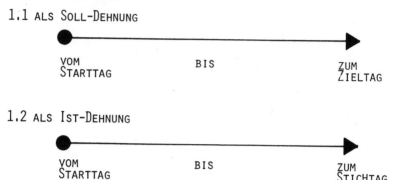

2. DIE KREDITBEWEGUNGEN

2.1 DER KREDITENTSTEHUNG IMMER NUR ALS
    SOLL-DEHNUNG

VOM   BIS   ZUM
STARTTAG   ZIELTAG

2.2 DES KREDITAUSGLEICHS

2.21 ALS SOLL-DEHNUNG

VOM   BIS   ZUM
STARTTAG   ZIELTAG

UND

2.22 ALS IST-DEHNUNG

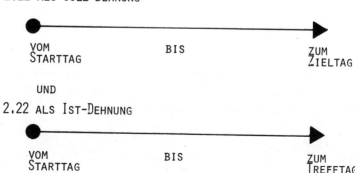

VOM   BIS   ZUM
STARTTAG   TREFFTAG !

für die Kreditbestände als
Anfangs- und Endbestände
ist sie die Kreditdauer vom

   Starttag
   bis zum
   Stichtag

und

für die Kreditbewegungen allerdings
nur des Kreditausgleichs
ist sie die Kreditdauer vom

   Starttag
   bis zum
   Trefftag.

Für die Kreditentstehung gibt es dagegen immer nur eine Soll-Dehnung mit der Kreditdauer vom

   Starttag
   bis zum
   Zieltag.

Damit sind

   Start-,
   Ziel-,
   Stich- und
   Trefftag

die unterschiedlichen

   Kredit- bzw.
   Betriebstage

zur Bestimmung der Kreditdehnung und Kreditspannung - und damit auch der Kredit-Elastizität !

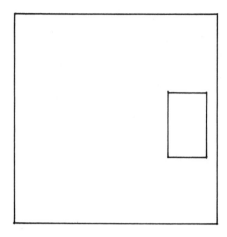

Die beiden
Teilwirtschaften der
aktiven Kreditwirtschaft sind
- wie bei jeder Aktionswirtschaft -
die Vermögens- und Vorgangswirtschaft !

Vorgangswirtschaft für den Kreditausgleich	und	Vorgangswirtschaft für die Kreditentstehung	
	mit der	Vermögenswirtschaft für das Kreditvermögen $F =$ Forderungen	und der
Die aktive Kreditwirtschaft des Unternehmensbetriebes			

9.1 DIE AKTIVE KREDITWIRTSCHAFT

Die dritte Teilwirtschaft der betrieblichen Aktionswirtschaft ist die aktive Kreditwirtschaft. Deren beiden Teilwirtschaften sind auch wieder die Vermögens- und die Vorgangswirtschaft:

> die Vermögenswirtschaft für das aktive Kreditvermögen

> und

> die Vorgangswirtschaft für dessen Entstehung i.S. der Einnahme und dessen Ausgleich.

Das aktive Kreditvermögen eines Unternehmensbetriebes sind die Betriebsforderungen.

DAS AKTIVE (!)
KREDITVERMÖGEN
SIND DIE FORDERUNGEN,

BESTEHEND AUS DEN
LEISTUNGS- UND ANDERFORDERUNGEN !

FORDERUN-GEN AN	LEISTUNGS-PARTNER ALS LEISTUNGS-FORDERUNGEN	DES BETRIEBSGESCHÄFTS		
		DES ANDER-BETRIEBES	BETRIEBS-ZENTRALE	
			BETRIEBS-HAUSHALT	
	ANDER-PARTNER ALS ANDER-FORDERUNGEN	DER BASIS-PARTNER	UNTER-NEHMER	
			ARBEIT-NEHMER (!)	
		DER GEMEIN-PARTNER	STAAT IN BLG	
			VERBÄNDE ALLER ART	

BLG = BUND, LÄNDER UND GEMEINDEN

9.11 DIE VERMÖGENSWIRTSCHAFT

Auch für die Vermögenswirtschaft der Kreditwirtschaft ist die Wirtschaftmaxime die Umschlags-Häufigkeit. Diese ist letztlich eine Frage der Kreditdauer.

Das Kreditvermögen der aktiven Kreditwirtschaft eines Unternehmensbetriebes umfaßt dessen Kreditforderungen, darum auch Betriebsforderungen genannt. Von diesen grundsätzlich zu unterscheiden sind die Kapitalforderungen des Unternehmenskapitals i.S. der Kapitalwirtschaft des Unternehmens

> zum einen an den Unternehmensbetrieb,
> was immer der Fall ist,

und

> zum anderen an Unternehmenspartner,
> was nicht immer der Fall ist.

Die Kapitalforderung an den Unternehmensbetrieb resultiert aus der Finanzierung desselben mit Unternehmenskapital.

Die Betriebsforderungen bestehen aus den Leistungs- und Anderforderungen, von denen die Leistungsforderungen ihrerseits aus solchen des Betriebsgeschäfts und solchen des Anderbetriebes bestehen. U.B. der bereits bekannten Gliederung für die Betriebspartner eines Unternehmens empfiehlt sich folgender Gliederungsrahmen für die Betriebsforderungen:

FÜR JEDE FORDERUNG
DES AKTIVEN KREDITBESTANDES
GIBT ES

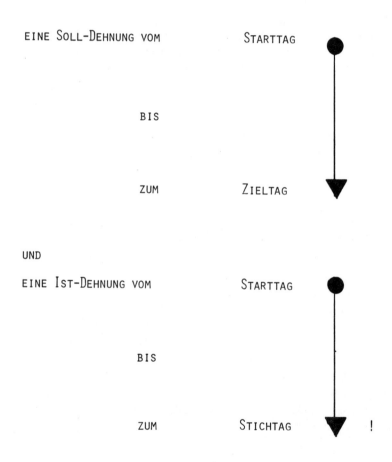

EINE SOLL-DEHNUNG VOM STARTTAG

BIS

ZUM ZIELTAG

UND

EINE IST-DEHNUNG VOM STARTTAG

BIS

ZUM STICHTAG !

1. Forderungen an betriebliche Leistungspartner
   = Leistungsforderungen
   1.1 des Betriebsgeschäfts
   1.2 des Anderbetriebes
       1.21 der Betriebszentrale
       1.22 des Betriebshaushalts
2. Forderungen an betriebliche Anderpartner
   = Anderforderungen
   2.1 an betriebliche Basispartner
      i.S. der Betriebsträger
   2.2 an betriebliche Gemeinpartner
      der Verbände und des Staates.

Die Leistungsforderungen an die Leistungspartner des Betriebsgeschäfts gemäß Position 1.1 dieses Gliederungsrahmens sind das, was wir allgemein

> Forderungen aus
> Warenlieferungen und Dienstleistungen,
> offiziell nur Lieferungen und Leistungen,

nennen.

Aus kreditwirtschaftlicher Sicht interessieren für alle

> Forderungsbestände mit den
> Anfangs- und Endbeständen

und

> Bestandsbewegungen mit den
> Bestandszu- und Bestandsabgängen

nicht nur die Kreditbeträge sondern auch deren Kreditwerte als Soll- und Ist-Kreditwerte: zur analytischen Feststellung der Kredit-Elastizität.

Die Soll-Kreditwerte basieren bekanntlich in
allen Fällen auf der Soll-Kreditdauer vom Starttag
bis zum Zieltag. Dagegen ist die Ist-Kreditdauer
für die Ist-Kreditwerte der Forderungsbestände
und Bestandsbewegungen unterschiedlich zu rechnen:

im Falle der Forderungsbestände
vom Starttag bis zum Stichtag

und

im Falle der Bestandsbewegungen
vom Starttag bis zum Trefftag.

Letzteres gilt aber nur für den Bestandsabgang.
Für den Bestandszugang kann es selbstverständlich
nur eine Soll-Kreditdauer geben.

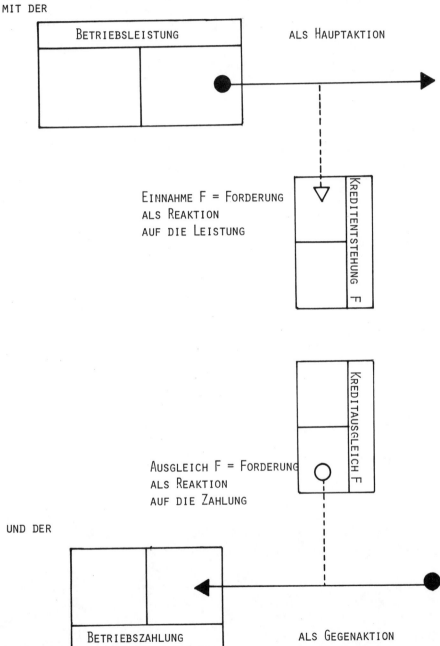

9.12 DIE VORGANGSWIRTSCHAFT

Bekanntlich sind alle Kreditvorgänge immer nur
die kreditwirtschaftliche Reaktion auf die
Leistungs- und Zahlungsvorgänge i.S der betriebswirtschaftlichen Haupt- und Gegenaktion:

> die Kreditentstehung als Reaktion
> auf jeden Leistungsvorgang i.S. der
> betriebswirtschaftlichen Hauptaktion

> und

> der Kreditausgleich als Reaktion
> auf jeden Zahlungsvorgang i.S. der
> betriebswirtschaftlichen Gegenaktion.

Im Falle der aktiven Kreditwirtschaft ist die
Kreditentstehung gleichbedeutend mit der Einnahme
einer Forderung, der Kreditausgleich gleichbedeutend
mit deren Ausgleich.

Für Kreditentstehung und Kreditausgleich interessieren gleichermaßen die Kreditbeträge und die
Kreditwerte, letztere zur Feststellung der Kreditdehnungen:

> für die Kreditentstehung
> nur als Soll-Dehnung für die Soll-Kreditdauer
> vom Starttag bis zum Zieltag,

> für den Kreditausgleich
> sowohl als Soll-Dehnung für die Soll-Kreditdauer
> vom Starttag bis zum Zieltag
> als auch als Ist-Dehnung für die Ist-Kreditdauer
> vom Starttag bis zum Trefftag.

Das Verhältnis von Ist- zur Soll-Dehnung für den

DIE KREDITDEHNUNG IST

	UND
IM FALLE DER KREDITENTSTEHUNG IMMER NUR EINE SOLL-DEHNUNG	IM FALLE DES KREDITAUSGLEICHS ZUM EINEN EINE SOLL-DEHNUNG
VOM STARTTAG	VOM STARTTAG
BIS	BIS
ZUM ZIELTAG	ZUM ZIELTAG

UND ZUM ANDEREN EINE IST-DEHNUNG

VOM STARTTAG

BIS

ZUM TREFFTAG !

Kreditausgleich ist dessen Kreditspannung. Und deren Verhältnis zur Soll-Dehnung ist die Kredit-Elastizität, wie wir bereits wissen. Für die Kreditentstehung gibt es diese bekanntlich nicht, weil für die die Kreditdehnung immer nur eine Soll-Dehnung ist - und auch nur sein kann.

DIE BEIDEN
TEILWIRTSCHAFTEN DER
PASSIVEN KREDITWIRTSCHAFT SIND
– WIE BEI JEDER AKTIONSWIRTSCHAFT –
DIE VERMÖGENS- UND VORGANGSWIRTSCHAFT !

DIE PASSIVE KREDITWIRTSCHAFT DES UNTERNEHMENSBETRIEBES		
MIT DER	VERMÖGENS-WIRTSCHAFT FÜR DAS KREDITVERMÖGEN V = VERBINDLICHKEITEN	VORGANGSWIRTSCHAFT FÜR DIE KREDITENTSTEHUNG
UND DER		UND
		VORGANGSWIRTSCHAFT FÜR DEN KREDITAUSGLEICH

9.2 DIE PASSIVE KREDITWIRTSCHAFT

Die vierte Teilwirtschaft der betrieblichen
Aktionswirtschaft ist die passive Kreditwirtschaft.
Deren beiden Teilwirtschaften sind auch wieder
die Vermögens- und Vorgangswirtschaft:

> die Vermögenswirtschaft für das
> passive Kreditvermögen

und

> die Vorgangswirtschaft für dessen
> Entstehung i.S. der Ausgabe und dessen Ausgleich.

Das passive Kreditvermögen eines Unternehmensbetriebes sind die Betriebsverbindlichkeiten.

Das passive (!)
Kreditvermögen
sind die Verbindlichkeiten,
bestehend nicht nur (!) aus den
Leistungs- und Anderverbindlichkeiten,
sondern auch aus denen an die Kreditinstitute !

Als Kontokorrent-Verbindlichkeiten		Leistungs-Partner als Leistungs-Verbindlichkeiten	Verbindlichkeiten an
Als Akzept-Verbindlichkeiten			
Aus Kontokoorentkredit		Kredit-Institute (!)	
Aus Anderkredit			
Unternehmer	Der Basis-Partner	Ander-Partner als Ander-Verbindlichkeiten	
Arbeitnehmer (!)			
Staat in BLG	Der Gemein-Partner		
Verbände aller Art			

BLG = Bund, Länder und Gemeinden

9.21 DIE VERMÖGENSWIRTSCHAFT

Auch für die Vermögenswirtschaft der passiven Kreditwirtschaft ist die Wirtschaftsmaxime die Umschlags-Häufigkeit. Diese ist letztlich immer eine Frage der Kreditdauer.

Das Kreditvermögen der passiven Kreditwirtschaft eines Unternehmensbetriebes umfaßt dessen Kreditverbindlichkeiten, darum auch Betriebsverbindlichkeiten genannt. Von diesen grundsätzlich zu unterscheiden sind die Kapitalverbindlichkeiten des Unternehmenskapitals i.S. der Kapitalwirtschaft des Unternehmens gegenüber seinen Kapitalträgern. Diese sind bekanntlich zum einen

>   die Unternehmenseigner,
>   die dem Unternehmen Eigenkapital geben,

und zum anderen

>   die Unternehmensfremden,
>   die dem Unternehmen Fremdkapital geben.

Aber nicht nur das. Auch für den Unternehensbetrieb und damit für die Betriebswirtschaft des Unternehmens gibt es eine Kapitalverbindlichkeit, die als solche keine Kreditverbindlichkeit ist. Bei dieser handelt es sich um die Verpflichtung

>   des Unternehmensbetriebes bzw.
>   der Betriebswirtschaft des Unternehmens

>   gegenüber

>   dem Unternehmenskapital bzw.
>   der Kapitalwirtschaft des Unternehmens

aus der Finanzierung mit Betriebskapital.

Aber diese ist für die hier nur interessierende
kreditwirtschaftliche Betrachtung uninteressant.

Die Betriebsverbindlichkeiten bestehen - abweichend
von den Betriebsforderungen als dem Kreditvermögen
der aktiven Kreditwirtschaft - aus den

>   Leistungs-,
>   Bank- und
>   Anderverbindlichkeiten.

Von diesen bestehen die Leistungsverbindlichkeiten
aus den

>   Kontokorrent- und
>   Akzeptverbindlichkeiten.

Diese Regelung ist abweichend von der allgemein
üblichen, nach der die

>   Akzeptverbindlichkeiten
>   als
>   Schuldwechsel

in einer alleinstehenden Position passiviert
werden. Das zu tun, ist ganz sicherlich richtig.
Richtiger dürfte es aber sein, sie zwar als solche
getrennt, aber doch als Leistungsverbindlichkeiten
auszuweisen, weil sie das auch sind. Sie sind
doch nur eine andere Form dieser.

Die Bankverbindlichkeiten resultieren in der
Regel aus dem Kontokorrentkredit. Sie können
aber auch auf einen anderen Kredit mit kurzfristiger Laufzeit zurückzuführen sein, den wir
der Einfachheit halber Anderkredit nennen wollen.

Und schließlich bestehen die Anderverbindlichkeiten
- den Anderforderungen entsprechend - aus den
Verbindlichkeiten an die betrieblichen Anderpartner,
die sein können zum einen Basis- und zum anderen
Gemeinpartner.

Somit ergibt sich folgender Gliederungsrahmen
für die Betriebsverbindlichkeiten:
1. Verbindlichkeiten an betriebliche
   Leistungspartner
   = Leistungsverbindlichkeiten
   1.1 als Kontokorrentverbindlichkeiten
   1.2 als Akzeptverbindlichkeiten
2. Verbindlichkeiten an Kreditinstitute
   aller Art
   2.1 aus Kontokorrentkredit
   2.2 aus Anderkredit kurzfristiger Art

   und

3. Verbindlichkeiten an betriebliche
   Anderpartner
   = Anderverbindlichkeiten
   3.1 an betriebliche Basispartner
       i.S. der Betriebsträger
   3.2 an betriebliche Gemeinpartner
       der Verbände und des Staates.

Für die Leistungsverbindlichkeiten an die betrieblichen
Leistungspartner empfiehlt sich auch hier wieder
eine Unterteilung nach den drei Betriebsbereichen
   des Betriebsgeschäfts,
   der Betriebszentrale und
   des Betriebshaushalts.

Diese sind das, was wir allgemein

FÜR JEDE VERBINDLICHKEIT
DES PASSIVEN KREDITBESTANDES
GIBT ES

    EINE SOLL-DEHNUNG VOM   STARTTAG

    BIS

    ZUM   ZIELTAG

UND

    EINE IST-DEHNUNG VOM   STARTTAG

    BIS

    ZUM   STICHTAG !

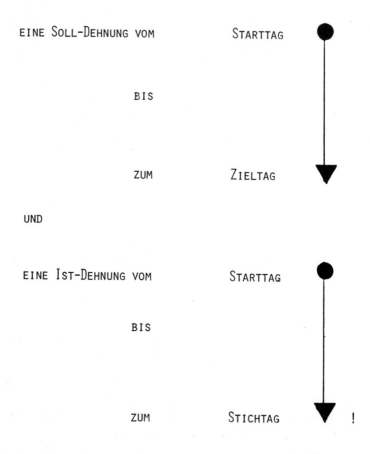

Verbindlichkeiten aus
Warenlieferungen und Dienstleistungen,
offiziell nur Lieferungen und Leistungen,

nennen.

Aus kreditwirtschaftlicher Sicht interssieren auch
für alle

Verbindlichkeitsbestände mit den
Anfangs- und Endbeständen

und

Bestandsbewegungen mit den
Bestandszu- und Bestandsabgängen

nicht nur die Kreditbeträge sondern auch deren
Kreditwerte als Soll- und Ist-Kreditwerte:
zur analytischen Feststellung der Kredit-Elastizität.

Die Soll-Kreditwerte basieren bekanntlich in allen
Fällen auf der Soll-Kreditdauer vom Starttag
bis zum Zieltag. Dagegen ist die Ist-Kreditdauer
für die Ist-Kreditwerte der Verbindlichkeitsbestände und Bestandsbewegungen unterschiedlich zu
rechnen:

im Falle der Verbindlichkeitsbestände
vom Starttag bis zum Stichtag

und

im Falle der Bestandsbewegungen
vom Starttag bis zum Trefftag.

Letzteres gilt aber nur für den Bestandsabgang.
Für den Bestandszugang kann es selbstverständlich
nur eine Soll-Kreditdauer geben.

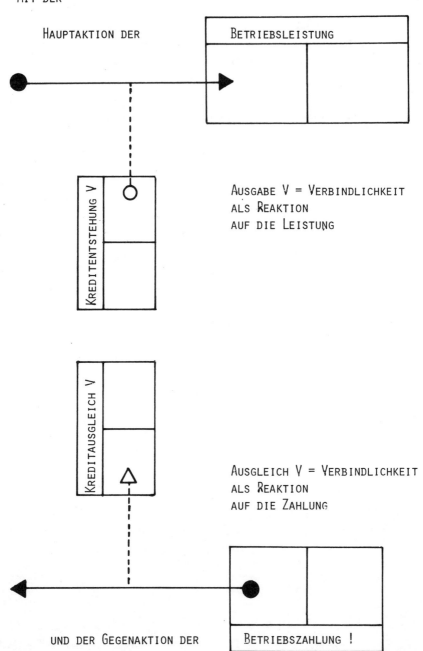

9.22 DIE VORGANGSWIRTSCHAFT

Bekanntlich sind alle Kreditvorgänge immer nur die kreditwirtschaftliche Reaktion auf die Leisungs- und Zahlungsvorgänge i.S. der betriebswirtschaftlichen Haupt- und Gegenaktion:

> die Kreditentstehung als Reaktion auf jeden Leistungsvorgang i.S. der betriebswirtschaftlichen Hauptaktion
>
> und
>
> der Kreditausgleich als Reaktion auf jeden Zahlungsvorgang i.S. der betriebswirtschaftlichen Gegenaktion.

Im Falle der passiven Kreditwirtschaft ist die Kreditentstehung gleichbedeutend mit der Ausgabe einer Verbindlichkeit, der Kreditausgleich gleichbedeutend mit deren Ausgleich.

Für Kreditentstehung und Kreditausgleich interessieren gleichermaßen die Kreditbeträge und die Kreditwerte, letztere zur Feststellung der Kreditdehnungen und Kreditspannungen:

> für die Kreditentstehung
> nur als Soll-Dehnung für die Soll-Kreditdauer vom Starttag bis zum Zieltag,
>
> für den Kreditausgleich
> sowohl als Soll-Dehnung für die Soll-Kreditdauer vom Starttag bis zum Zieltag
> als auch als Ist-Dehnung für die Ist-Kreditdauer vom Starttag bis zum Trefftag.

Das Verhältnis von Ist- zu Soll-Dehnung für den

DIE KREDITDEHNUNG IST

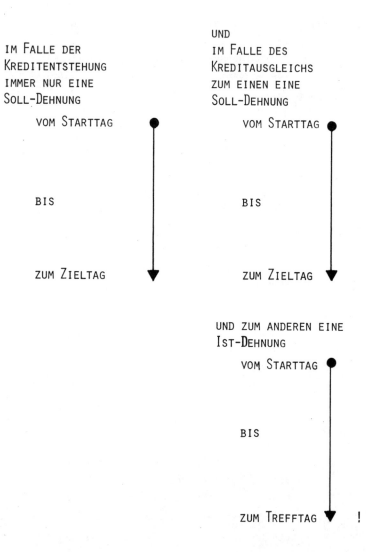

IM FALLE DER
KREDITENTSTEHUNG
IMMER NUR EINE
SOLL-DEHNUNG

    VOM STARTTAG

BIS

    ZUM ZIELTAG

UND
IM FALLE DES
KREDITAUSGLEICHS
ZUM EINEN EINE
SOLL-DEHNUNG

    VOM STARTTAG

BIS

    ZUM ZIELTAG

UND ZUM ANDEREN EINE
IST-DEHNUNG

    VOM STARTTAG

BIS

    ZUM TREFFTAG !

Kreditausgleich ist auch wieder dessen Kreditspannung - und deren Verhältnis zur Soll-Dehnung entsprechend deren Kredit-Elastizität. Bekanntlich gibt es diese für die Kreditentstehung nicht, weil es für die immer nur eine Soll-Dehnung gibt und auch nur geben kann.